The House of Dallys

+< Livre 10 >+

Généalogie et Histoire des Rois du Dahomey

Tome 1: Les Rois du Danxomè

Dallys-Tom Medali

Premiere Publication

Solara Editions

Généalogie et Histoire des Rois du Dahomey

Tome 1

DALLYS-TOM MEDALI

ISBN 978-1-947838-35-2

Solara Editions

New York, Cotonou, Paris

Couverture: Dallys-Tom Medali

Courriers: **04 BP 0143 Cotonou Benin**

Pages web: www.livres.us / www.heroafricain.com

Emails: editeur@livres.us / dallys@livres.us

Facebook: @ArtLit7 / Twitter: @AfroBooks

Contenu

Section introductive

Remerciements

Genèse et Méthodologie

Parcours migratoire des peuples Fons d'Afrique

Le Nom dans les cultures Fon, Adja et assimilées

Tome 1
Les Rois du Danxomè

- Nouvelles découvertes
- Les Patriarches
- L'Exode des AGASSOUVI et l'origine de certains noms de villages et de fétiches
- Détails sur les Rois et leurs actions
- Les panégyriques des Rois
- Listes et Chronologies Royales pour plusieurs royaumes du Dahomey
- Listes liées à la présence européenne au Benin
- Listes liées à l'évolution politique du Benin

Tome 2
Dossier Généalogique de la Princesse Aligbonon, ancêtre des Rois du Dahomey

- Ascendance
- Descendance
- Relations directes
- 114 Arbres généalogiques
- Index des dates
- Index des lieux
- Index des individus

Section finale

- Liste des photos et illustrations
- Ressources bibliographiques
- Autres Oeuvres du même auteur, déjà publiées
- Autres Oeuvres de la série The House of Dallys
- Contacts

Si vous avez des informations additionnelles, des archives, documents historiques, livres ou des corrections à proposer, écrivez-nous!

par voie postale à 04 BP 0143 Cotonou Benin

ou par email à dallys@livres.us

Ecrivez-nous aussi

Si vous voulez commander d'autres copies du livre,

Si vous avez besoin de votre généalogie personnelle

Si vous avez besoin de conseils sur les démarches à suivre pour explorer l'histoire et la généalogie de votre famille,

Ou si vous avez simplement trouvé le livre très utile et instructif.

Remerciements

Au Très-Haut qui me vivifie et me fortifie

A mes enfants Andrew et Athéna, et leur maman Mireille pour la motivation et le soutien moral

A mes parents Ida, David et Marguerite pour l'éducation et pour les informations enrichissantes

A mes parents défunts André Medali, André Tokpo, Awansikindé E. Segle Houegbadja., et tous leurs prédécesseurs, pour les racines solides et l'inspiration

A toi qui a choisi d'acheter, de lire ce livre ou de contribuer à son amélioration

<<Qui dit tradition en histoire africaine dit tradition orale, et nulle tentative de pénétrer l'histoire et l'âme des peuples africains ne saurait être valable si elle ne s'appuie pas sur cet héritage de connaissances de tous ordres patiemment transmis de bouche à oreille et de maître à disciple à travers les âges. Cet héritage n'est pas encore perdu et repose dans la mémoire de la dernière génération des grands dépositaires, dont on peut dire qu'ils sont la mémoire vivante de l'Afrique. >> - **Amadou Hampaté Ba**

Genèse et Méthodologie

Ce livre est le travail d'une vie et l'histoire de plusieurs vies. Il couvre le parcours d'une pluralité de peuples depuis le crépuscule de l'humanité jusqu'aux jours actuels. Si nous ne travaillons pas sur notre histoire, qui le fera pour nous? Nous avons trouvé la tâche si importante que nous avons mis une pause à notre carrière professionnelle internationale d'expertise comptable en 2017 pour nous focaliser exclusivement sur des projets à but non lucratif comme celui ci.

Les livres d'histoire repoussent habituellement l'individu moyen du fait de leur style académique et de l'impression que les auteurs sont plus préoccupés par la présentation et la critique pédante de leurs sources plutôt que par une narration cohérente de ce qu'ils essaient de présenter et des faits qu'ils essaient de narrer. Nous inclurons des sources au niveau des sections où ces sources sont disponibles, pertinentes et enrichissent le lecteur. Mais pour certaines sections et éléments émergeant d'interviews avec des personnes ressources en vie ou déjà décédées, de la pure tradition orale de nos royaumes et contrées, nous n'aurons pas ce loisir. Puisque dans ces domaines, notre travail minutieux est le premier effort de mise à l'écrit et de révélation de ces données, ce sera plutôt la présente oeuvre qui servira de sources aux futurs chercheurs, scientifiques et aux simples amoureux de l'histoire et de la culture dahoméenne.

Parcours migratoire des peuples FON d'Afrique

<**Origines des Peuples FON**> est le titre d'une oeuvre d'histoire en cours de rédaction. Cette oeuvre étudie minutieusement les travaux de recherche et les sources actuellement disponibles sur le passé et le parcours des peuples ADJA, FON, GOUN et autres qui ont animé depuis des âges anciens la vie de la région africaine jadis appelée la Cote des Esclaves.

Je présente ici en deux pages, la synthèse de l'itinéraire qui se dessine.

1. Bassin du FLEUVE OMO, Région d'OMO-OLDUVAI sur le territoire de l'Ethiopie actuelle (site de la découverte des plus vieux fossiles de l'humanité)

2. Cuvette du HAUT-NILE dans le Soudan Egyptien (jadis en Egypte Ancienne, actuellement sur le territoire du Soudan). Le Haut-Nile est en bas.

3. Bassin du LAC TCHAD, Région de KANEM (très longtemps avant son islamisation)

4. Région de NOK (actuellement dans le Nigeria)

5. Confluence du FLEUVE NIGER et DU FLEUVE BENOUE dans la région de IDAH (sur le territoire actuel du Nigeria)

6. Régions de IFE et de BENIN (actuel Nigeria)

7. Région de KETOU (actuel Benin/Dahomey)

8. Bassin du FLEUVE MONO, plus précisément la zone couverte par l'ancien royaume de ADJA TADO

(actuellement sur les territoires du Benin/Dahomey et du Togo; la capitale est actuellement au Togo)

9. Région de ALLADA (actuel Benin/Dahomey)

10. Bassin du FLEUVE ZOU et PLATEAU d'ABOMEY (Danxomè, actuel Benin/Dahomey) à partir du XVIe siècle (pour les GUEDEVI) et du XVIIe siècle (c. 1600) pour les AGASSOUVI

11. Région des COLLINES (actuel Benin/Dahomey)

12. Bassin du FLEUVE OUÉMÉ (Hogbonou/Porto-Novo) entre le XVIIe et le XVIIIe siècle

Carte migratoire des peuples Fon, Ewe et Kwa

Carte du Dahomey en 1892

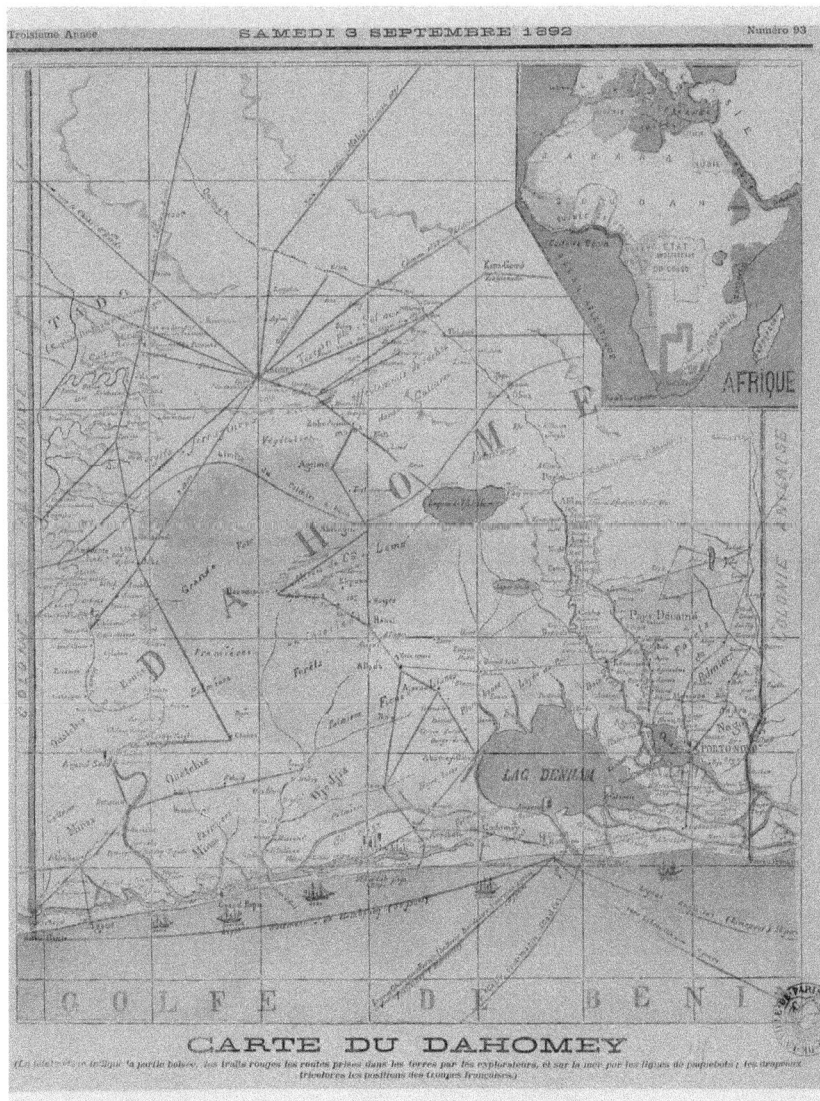

Carte contemporaine du Sud Benin

Le Nom dans les Cultures Fon, Adja et assimilées

Dans les traditions Fon, Adja et assimilées du Dahomey ancien, le Nom fonctionnait différemment de ce qui a été instauré par l'administration coloniale et que pour des raisons pratiques, le jeune pays indépendant a choisi de reconduire.

Le Nom n'était pas un droit avec lequel on naissait systématiquement ou une donnée qu'on acquérait définitivement à la naissance. C'était plutôt une série de badges d'honneur qu'on obtenait par la succession d'accomplissements et de situations héroïques, importants, anodins, ou ignobles. Parfois aussi, le Nom était décerné du fait d'évènements hors du contrôle de l'individu.

L'enfant prenait généralement un premier Nom selon le jour, le mois ou la saison de sa naissance ou de sa cérémonie de sortie d'enfant ou de présentation à la communauté et aux ancêtres. Parfois c'est aussi le Fa qui choisit un Nom indiquant une destinée spéciale ou la réincarnation supposée (partielle ou complète) d'un ancien défunt de la famille. Parfois cet ancêtre défunt n'est pas réincarné mais juste le guide protecteur du nouveau né.

L'enfant peut prendre aussi un nom sur la base des circonstances de sa naissance (accouchement difficile, naissance prématurée, naissance comme un jumeau, décès d'un jumeau, décès de la génitrice pendant l'enfantement, sortie des pieds au lieu de la tête, etc.) ou de la grossesse (anormalement courte ou longue). Les jumeaux prennent souvent des noms spéciaux et corrélés.

L'ordre de la naissance peut aussi déterminer le Nom: ainé, cadet, benjamin, né après des jumeaux, né après un enfant qui n'avait pas survécu, etc..

De façon générale l'état civil traditionnel du Danxomè peut comprendre les éléments ci-après:

1. La consultation du Fa avant la naissance
2. La consultation du Fa à la naissance
3. Le baptême et/ou la cérémonie de sortie d'enfant
4. La scarification (houegbigbo et/ou atindjidja)
5. La circoncision (adagbigbo)
6. L'initiation à divers corps de métier
7. L'initiation à divers cultes vodoun
8. L'initiation à diverses sociétés secrètes
9. La demande de main et/ou la dot
10. Le mariage
11. La célébration d'actes de bravoure ou d'héroïsme
12. Les autres occasions importantes
13. Les cérémonies avant l'inhumation
14. L'inhumation
15. Les cérémonies après l'inhumation
16. Les cérémonies posthumes annuelles ou cycliques de commémoration pour les mânes ancestrales

La chronologie de ces éléments est flexible, et certaines étapes peuvent être simultanées ou être carrément omises dans la vie d'un individu, d'une famille ou d'une communauté particulière.

Avec la venue des colons, le patronyme est devenu une exigence pour tout le monde et a entrainé son lot de confusion et d'erreurs. Les noms qui étaient habituellement des phrases fortes prononcées et donc relativement longues, ont été rapetissés, simplifiés et francisés. Des frères de père commun se sont retrouvés parfois avec des noms différents de leur père comme patronyme ou ont obtenu des écritures différentes d'un même nom.

Parfois deux personnes vivant dans la même période ont le même Nom exactement ou ont un Nom en commun. Même quand ces personnes ont vécu à des époques différentes, des complications peuvent intervenir dans la datation ou pour différentier les légendes et évènements se rapportant à un individu particulier et non à l'autre.

Enfin, un Nom peut avoir plusieurs épellations correctes acceptées par la communauté.

Ces clarifications sont importantes pour expliquer d'entrée de jeu certaines variations dans les tableaux généalogiques et historiques qui pourraient embrouiller un novice qui n'est pas familier avec les usages de la culture Fon et la progression historique du Dahomey/Bénin. A cela il faut ajouter d'autres observations comme la multiplicité des épouses pour un conjoint unique, sans qu'un divorce préalable ne soit clairement signalé, et la prévalence des enfants conçus en dehors du cadre d'un mariage civil. Le lecteur est invité à faire preuve d'ouverture d'esprit.

Généalogie des rois (Schéma succinct, Dallys-Tom Medali)

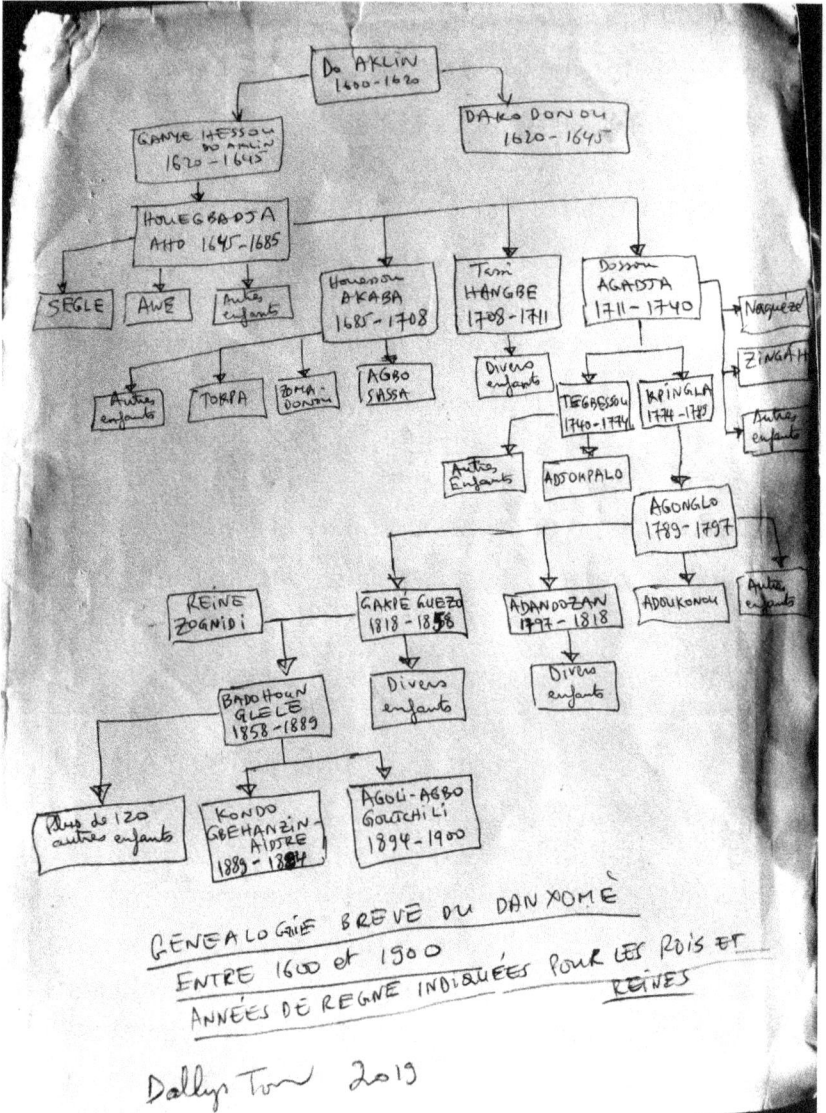

Do AKLIN
1600-1620

DAKO DONOU
1620-1645

GANYE HESSOU DO AKLIN
1620-1645

HOUEGBADJA AHO 1645-1685

SEGLE — AWE — Autres enfants

Houenou AKABA 1685-1708

Tessi HANGBE 1708-1711

Dossou AGADJA 1711-1740

Naoquezé

ZINGAH

Autres enfants — TORPA — ZOMA DONOU — AGBO SASSA

Divers enfants

TEGBESSOU 1740-1774

KPINGLA 1774-1789

Autres enfants

Autres Enfants — ADJOKPALO

AGONGLO 1789-1797

REINE ZOGNIDI

GAKPE GUEZO 1818-1858

ADANDOZAN 1797-1818

ADOUKONOU

Autres enfants

BADOHOUN GLELE 1858-1889

Divers enfants

Divers enfants

Plus de 120 autres enfants

KONDO GBEHANZIN AIDJRE 1889-1894

AGOLI-AGBO GOUTCHILI 1894-1900

GENEALOGIE BREVE DU DANXOMÈ
ENTRE 1600 et 1900
ANNÉES DE REGNE INDIQUÉES POUR LES ROIS ET REINES

Dallys Tom 2019

Tome 1:
Les Rois du Danxomè

Insignes du pouvoir royal dans le Danxomè

Les **afokpa** (de Houegbadja) - sandales royales, légitiment le roi nouvellement choisi.

Le **avotita** - pagne tissé et décoré, sert de parure pour le roi.

Le **awe** - parasol, qui est un signe de prestige et joue aussi le role pratique de protection contre les brulants rayons solaires d'Afrique Subsaharienne.

Le **katakle** - tabouret tripode, sur lequel s'assied le roi

Le **mankpo** - récade, qui est indispensable lors des sorties publiques.

Le **so** - fusil et le **hwi** - sabre, parce que les rois sont généralement des combattants chevronnés, expérimentés dans la conduite de guerres et expeditions militaires.

Le **ahosu-zinkpo** - trône royal, sur lequel s'assied aussi le roi.

Chronologie des Rois du Danxomè (1600-1900)

X - Divers Patriarches jusqu'en 1600 à Tado et Allada

1 - Chef Do Aklin (1600 - 1620)

2 - Roi (usurpateur) Dako Donou (1620-1645)

3 - Roi (honorifique) Gangnihessou (1620-1645)

4 - Roi Aho Houegbadja (1645-1685)

5 - Roi Houessou Akaba (1685-1708)

6 - Reine Tassi Hangbé (1708-1711)

7 - Roi Dossou Agadja (1711-1740)

8 - Roi Bossa Ahadé Tegbessou (1740-1774)

9 - Roi Kpengla (1774-1789)

10 - Roi Agonglo (1789-1797)

11 - Roi Adandozan Madogugu (1797-1818)

12 - Roi Ghézo (1818-1858)

13- Roi Glèlè Kinikini (1858-1889)

14 - Roi Kondo Gbèhanzin (1889-1894)

15 - Roi Agoli Agbo (1894-1940)

X - Rois cérémonials (1940-présent)

Cette chronologie est probablement un peu différente de ce que vous avez pu voir précédemment dans d'autres livres, sur internet, sur une teinture en tissu, ou à l'école. Peut-être que la reine Tassi Hangbé n'était pas mentionnée. Peut-être que la période du long règne de Adandozan était laissée vacante et silencieuse. Peut-être qu'une distinction n'était pas faite entre Do Aklin le père et son fils Gangnihessou Do Aklin.

Quand les étrangers écrivaient notre histoire, il y avait des erreurs délibérées et des erreurs non-intentionnelles qui se glissaient et se transmettaient de génération en génération. Les erreurs non-intentionnelles étaient causées soit par les barrières linguistiques soit par l'absence ou l'insuffisance de données.

L'exemple le plus criard est la signification du nom du roi Behanzin (Gbè hin azin bo ayi djrè). Au cours primaire, on vous a probablement enseigné que la traduction française était "le monde tient l'oeuf que la terre désire". Or "Djrè" ne doit pas être confondu avec "Djro" et n'a rien à voir avec le désir.

Au niveau de son palais de Djimè (Abomey, Bénin), les artistes décorateurs ont fait une bonne restitution sur un panneau en se basant certainement sur les explications des dépositaires et des anciens de la collectivité. Si cette restitution est correcte, elle manque en revanche de détails et est un peu brève, probablement pour contrainte d'espace. Le panneau indique: "le germe de toute manifestation de la terre".

Votre instituteur vous a peut être aussi laissé croire que "Kondo" signifie "le requin" or le mot fon pour "requin" est "Gbowhele".

Pour en savoir plus sur la vraie signification des noms du roi Behanzin, veuillez vous referez à la section qui présente ce roi plus tard dans le livre.

La langue Fon est une langue complexe qui accorde beaucoup d'importance à la tonalité et aux inflexions. Un même mot peut avoir plus de quatre prononciations différentes correspondant à des sens différents. Parfois un mot écrit d'une façon et prononcé de la bonne façon peut avoir plusieurs significations différentes. L'exemple classique est l'expression "yon nou". Les chercheurs étrangers des siècles précédents et mêmes ceux contemporains à nous n'ont souvent pas la volonté ou la possibilité de prendre le temps de maitriser toutes ces nuances. Même dans l'hypothèse où ces nuances sont assimilées, il y a le second et le troisième degré des phrases, les explications ésotériques uniquement réservées aux initiés. Toute personne qui a tenté d'apprendre une langue étrangère devrait comprendre qu'il ne faut pas faire de la traduction mot à mot, c'est pourtant une erreur fréquemment observée dans les écrits.

Des données préalablement inconnues émergent parfois quand des fouilles archéologiques sont menées. C'est le cas des travaux archéologiques de Agongointo dans l'actuelle commune de Bohicon, qui devraient être poursuivies et répétées dans d'autres endroits importants par les meilleurs spécialistes.

Quand des archives et collections publiques ou privées, individuelles ou institutionnelles, sont numérisées et/ou mises à la disposition du public universel, de nouvelles informations deviennent disponibles. C'est le cas par exemple des archives militaires françaises qui ont révélé dans les moindres détails, comment les deux expéditions militaires françaises contre l'armée de Behanzin se sont déroulées, du point de vue de l'observateur français.

Parfois ce sont aussi de vieilles chansons populaires anodines qui sont remises dans le contexte adéquat pour révéler leur sens profond et les faits historiques auxquels elles se rapportent. Parfois c'est un jeune homme curieux qui questionne ses grands parents et a la présence d'esprit de transcrire les données reçues oralement.

Parfois c'est la censure coloniale. Le feu était un ami fidèle des colons et les aidait à détruire ce qui gênait ou ne correspondait pas à la ligne officielle. Parfois c'était la censure royale; comme dans le cas du roi Adandozan dont l'histoire avait été longuement et presque définitivement effacée par son frère le roi Guézo.

Nous allons discuter brièvement ces éléments lorsqu'ils sont importants sans alourdir académiquement les récits et les éléments présentés.

LES PATRIARCHES

Les patriarches (dont certains sont discutés par la suite dans le livre) ne sont pas comptés parmi les rois du Danxomè, mais leur mention est importante puisqu'ils sont les ancêtres des rois et certains d'entre eux ont aussi régné à Tado ou à Allada.

Il s'agit principalement de:
- Roi TOGBE ANUI (TOGBUI-ANYI)
- Prince AGASSOU KOKPON
- Roi ADJAHOUTO LANSUHOUTO LANDE
- Roi KOKPON DOGBAGRI
- Chef DO AKLIN

TOGBUI ANYI (TOGBE ANUI, TOGBE ANYI)

Le Pays-Adja a toujours regardé vers Tado, qui était sa capitale et la capitale fédérale de toute la région. La capitale du Pays-Adja, Tado, est fondée par les Adjas vers l'an 1000 et est devenue le centre du premier royaume, le plus puissant du sud du Togo-Bénin actuel, qui prospéra en rayonnant sur un territoire de plus en plus immense, surtout culturellement, jusqu'au XIXe siècle. Dans son âge d'or, qu'on peut situer entre le XVe et le XVIIe siècle, le royaume Adja de Tado s'apparentait à une confédération.
La ville de TADO est le berceau des Adja, Fons, Ewé, Gouns et autres peuples. Autrefois, elle s'appelait "EZAME". En langue adja, EZA est le nom d'un arbre. Ainsi

EZAME veut dire "implanté dans les arbres Eza". À ce moment donné de son histoire, le peuplement souffrait de plusieurs maladies. Il y avait des morts infantiles, la sècheresse et la famine. Cela coïncida avec l'arrivée d'un homme: TOGBUI-ANYI, qui proposa de guérir la population, à condition qu'on l'accepte comme roi. Par ses pouvoirs magiques, l'étranger guérit le village de tous ses maux et devint roi. Dès lors, il changea le nom du village en Tado, ce qui signifie: enjamber. Selon ce roi, tous les malheurs vont enjamber le royaume. Chaque année, les Adja de Tado fêtent cette délivrance dans le courant du mois d'août. Cette fête est dénommée " fête TOGBUI-ANYI". Actuellement, c'est le 187e roi qui règne sur ce qui reste du royaume. Au cours de cette fête "TOGBUI-ANYI", les Adja, Fons, Ewé, Gouns et autres peuples du Togo, du Benin et du Ghana reviennent à leur berceau commun pour prier les mânes de leurs ancêtres pour avoir des pluies et une bonne santé dans l'année à venir.

Le Jésuite espagnol Alonzo de Sandoval le décrivit en 1627 comme « un puissant royaume s'étendant sur un territoire immense à l'intérieur des terres avec une zone côtière où se trouve un port sûr, gouverné par un noir appelé Eminence ». Le territoire sur lequel régnaient les Anyigbãfio (roi de la terre). Tado est la source des autres royaumes comme Agbomey, Notsé, Allada, Porto Novo. Ce sont les princes de Tado qui ont fondé ces royaumes.

Ces peuples issus de migrations successives à la suite de querelles dynastiques, d'épidémies, pour des raisons économiques ou à la suite de la saturation ethnique, ont constitué ce qu'il est convenu d'appeler aujourd'hui l'aire culturelle Adja-Tado. Cette aire comprend des peuples qui se rattachent à Tado par leur histoire, leur mémoire collective, leur langue, leur culture.

Le peuplement de l'ère culturelle ainsi définie est composé majoritairement des groupes ethniques suivants :

1. Les ADJA (AJA) : ils habitent en général l'espace compris entre le moyen- Mono au Togo et le Couffo au Bénin. Ils sont essentiellement des paysans.

2. Les ÉVÉ (EWE) : Ils peuplent la région comprise entre Amugâ et le Yoto. Ils exercent des activités économiques très variées.

3. Les FON (FON) : Ils peuplent la région comprise entre l'Ouémé et le Couffo. Ils exercent des activités économiques très variées.

4. Les GUIN (GÊ) : Ils s'étendent sur la Côte dite des esclaves. Ils sont surtout commerçants.

5. Les XWLA et Les XWÉDA : ils habitent globalement la même zone géographique que les Gê, mais ils sont essentiellement des pêcheurs et spécialistes de la fabrication du sel marin.

6. Les GOUN (GUN) : Ils peuplent essentiellement la ville de Porto-Novo et ses environs.

7. Les AÏZO (AYIZO) : Ils occupent le lac Nokwé, la région d'Allada et ses alentours.

8. Les SAHWÉ : Ils peuplent les terres noires du Ko dans la région de Bopa.

AGASSOU KOKPON

A ne pas confondre avec KOKPON DOGBAGRI qui régna à Allada des siècles plus tard.

Le roi de Tado, ADJA AHOSSOUHO (nom indiqué par l'historien Jean Pliya, mais que je n'ai pas pu re-confirmer indépendamment et avec certitude) avait parmi ses enfants, une ravissante fille appelée Princesse ALIGBONON. Un jour, alors qu'elle se baignait dans un cours d'eau, elle rencontra un esprit ou un homme qui (selon la tradition orale) avait pris la forme d'une panthère/ leopard. On ne saura jamais si c'était littéralement avec une panthère qu'elle accoupla ou si "KPO" était juste le nom d'un robuste jeune homme qui l'étreignit comme une panthère. De cette rencontre naquit le brave Agassou qui eut une nombreuse descendance. Il est l'ancêtre de tous les AGASSOUVI, ALLADANOU, et de la plupart des peuples Fons, Gouns et Autres du Sud Benin.

"AGASSOU" signifie "mari d'en haut", le haut étant le monde spirituel. ALIGBONON choisit ce nom surement pour honorer la mémoire de son mystérieux époux qu'elle ne revit plus.

ADJAHOUTO LANSUHOUTO LANDE

Un des enfants de Agassou, Landé surnommé Lansuhouto parce qu'il était un chasseur inégalé de grandes bêtes, voulut régner à Tado mais fut empêché parce qu'il n'avait pas priorité selon les règles de succession. Landé tenta de prendre le pouvoir par la force et tua le prétendant Adja. Vous avez pu remarquer déjà que "Adja" désignait non seulement le peuple mais aussi le lieu et les rois et princes qui gouvernaient l'ancien royaume. Donc "Adja" ne nous donne pas suffisamment d'information sur l'identité du prince que Landé a tué. De toute façon, Landé fut surnommé le tueur d'Adja "Adjahouto".

Certaines versions rapportent que Lansuhouto serait le fils de Adjahouto, mais cela est invraisemblable.

Une bataille s'en suivit, et Landé et ses frères, tous les Agassouvis durent quitter le royaume. Ils allèrent vers Sahoué, puis sous la conduite de Landé ils investissent un ensemble de villages qui deviendra Allada chez les Ayizo. Adjahouto fonda donc le royaume d'Allada et en son honneur les souverains suivants portèrent le titre de "Adjahoutonon".

L'année exacte de cette migration de Adja Tado (dans l'actuel Mono-Togo) pour Allada n'est pas connue. Des historiens européens ont indiqué que Allada (Ardres, Ardra) était déjà connu des occidentaux vers 1200. La table de chronologie royale d'Allada qui nous est parvenue remonte vers les ans 1400. De plus comme on a déjà indiqué, les Ayizos (Adja-yi-zo, c'est à dire eux même venus du royaume Adja plus tôt) étaient déjà présents dans les villages d'Allada et avaient leurs chefs avant l'arrivée de la nouvelle vague de migrants. J'ai retenu l'an 1400 comme la période la plus plausible et logique dans mon analyse. Adjahouto mourut en 1440.

KOKPON DOGBAGRI

A ne pas confondre avec AGASSOU KOKPON son ancêtre lointain qui vécut et mourut à TADO.

KOKPON DOGBAGRI est un remarquable roi d'Allada qui régna de 1590 à 1610, et dont la fin de mandat signala un schisme et l'avènement des royaumes d'Abomey et de Porto-Novo. La triade de ses principaux fils régna sur trois royaumes dont deux nouvellement créés.

MEDJI lui succéda sur le trône d'Allada.

DO AKLIN dirigea la migration vers le Zou et régna de 1600 à 1620 avant de passer le témoin à ses enfants GANYE HESSOU et DAKO DONOU

ZOZERIGBE dirigea la migration vers Porto-Novo et contribua aux conditions qui permettront à son fils TE AGBANLIN de régner de 1688 à 1729.

Schéma historique et généalogique bref

En attendant de passer au dossier généalogique approfondi et détaillé de la Princesse ALIGBONON dans le deuxième tome de l'ouvrage, nous présentons ici un résumé du schéma généalogique des TADONOU ALLADANOU AGASSOUVI.

TOGBE ANYI Fondateur de TADO
|
(…) Divers Rois de TADO
|
Roi **ADJA AHOSUHO** de TADO
|
Princesse **ALIGBONON** + KPO la panthère
|
AGASSOU KOKPON
|
LANDE LANSUHOUTO **ADJAHOUTO**, Fondateur et Roi d'Allada (1400-1440)
|
Roi ADJA AHOLUHO d'Allada (1440-1445)
|
Roi DE NOUFION (1445-1458)
| |
Roi DASSOU (1458-1470)   Roi DASSA (1470-1475)

(Suite du schéma)

Roi DASSA (1470-1475) d'Allada

|

Roi ADJAKPA (1475-1490)

|.   \

Roi YESSOU   Roi AZOTON (1495-1498)
(1490-1495) et (1498-1510)

|

AKOUDE, AMAMOU, AGAGNON, AGBANGBA, HOUEZE
(1510-1520) (1520-1530) (1530-1540)   (1540-1550)   (1550-1560)

|

– – – – – – – – – – – – – – – – – AGBANDE (1560-1580)

| | | |

KINHA   MEDJI1   AKOLI   **KOKPON DOGBAGRI**
(1580-1585) (1585-1587) (1587-1590)   (1590-1610)

/ | |

MEDJI2 **DO-AKLIN** *ZOZERIGBE*

(Allada)   (Zou)   *(Oueme)*

/   ∧ |

LAMADJE **GANYE/DAKO** *TE-AGBANLIN*

/ | |

Autres   **HOUEGBADJA**   *Autres Rois*

Rois d'Allada   (1645-1685)   *de Porto Novo*

|

Autres Rois du Danxomè

Les données sur la succession des rois d'Allada sont exactes: c'est à dire qui a régné après qui. En revanche, je n'ai pas pu déterminer définitivement quel roi est fils de quel roi ou plutôt frère du roi précédent. J'ai donc utilisé une analyse chronologique rigoureuse pour determiner l'embranchement qui semble le plus logique.

Détails sur les Rois du Danxomè

Ici il s'agira de s'appesantir un peu plus sur chacun des principaux souverains du Danxomè:

- les douze rois communément représentés sur les teintures d'Abomey,
- le Chef Do Aklin qui peut être rangé soit parmi les patriarches soit parmi les rois (je l'ai mis dans les rois mais avec le titre de "Chef"),
- la reine Hangbé,
- le roi Adandozan, et
- le roi Agoli Agbo.

Chef DO AKLIN (1600 - 1620)

DO AKLIN est le leader du groupe migratoire venu d'Allada pour s'installer sur le plateau du Zou (Houawé, Abomey et les villes voisines). Ce n'est pas son père KOKPON DOGBAGRI (comme indiquent certains ouvrages) car celui-ci resta à Allada et y régna de 1590 à sa mort en 1610.

Cette migration se déroula vers la fin du XVIe siècle. Les historiens s'entendent généralement sur l'an 1600 pour fixer l'événement dans le temps.

DO AKLIN n'a pas régné avec le titre de roi. Il était plutôt un influent chef de terre, un peu comme les chefs autochtones de la région. Il a fallu d'abord éliminer les chefs autochtones Guedevis avant une véritable consolidation du pouvoir et l'établissement de la royauté du Danxomè.

DO AKLIN engendra Gangnihessou et Dakodonou.

Plusieurs éléments du règne de DO AKLIN se mélangent avec ceux de son fils Gangnihessou qui utilisa aussi son nom.

Roi GANGNIHESSOU Do Aklin (1620-1645)

Emblème: oiseau, tambour, lance

Devise: Je suis l'oiseau le plus gros et le tambour le plus sonore. On ne peut empêcher l'oiseau de chanter ni le tambour de résonner.

Ganye Hessou fut aussi connu sous le nom de son père "Do Aklin" dont il était le fils ainé et l'heritier légitime.

Axosumlanmlan (panégyrique) de Gangnihessou

Gànixêsu aobobo

Gànixësu, soit applaudi

Xësu ao yaya

L'oiseau mâle applaudi par tout le monde

Ajo ma no yi Dàxomê

Les voleurs ne sont pas bienvenus au Danxomè

Gànixêsu kpakpà do akoto

Gànixêsu ne craint pas de rester auprès des siens

Akpadi ma no no nênu

Avec l'akpadi, on ne prépare pas la sauce crincrin

Adi za

Il y a peu de potasse (carbonate de soude tirée des cendres de l'haricot sauvage)

Nênu zä

Il y a peu de sauce (crincrin)

Akiza gbatö

Celui qui a conquis le village d'Akiza

Akiza'xòsu Akpakpo hutò

Celui qui a tué Akpakpo, roi du village d'Akiza

B'agala dele

Exemple de courage

Ganixêsu lo adètò

Ganixêsu l'intrépide

Gangnihessou était l'ainé et le Vidaho de Do Aklin et devrait prendre la tête des AGASSOUVI après le décès de celui-ci. Comme il était encore attaché aux moeurs et coutumes de Allada, il décida d'y retourner pour faire les cérémonies d'intronisation. Profitant de l'absence de son frère ainé, Dakodonou qui était plus fort, brutal et rusé; s'auto-proclama roi.

A son retour d'Allada, Gangnihessou fut surpris de constater que son jeune frère était déjà devenu roi à Houawé. De nature plus calme et ne voulant pas créer une guerre fratricide ou un schisme dans le royaume qui était encore à ses débuts, Gangnihessou replia sur Cana avec certains de ses fidèles partisans. Houegbadja le fils ainé de Gangnihessou resta d'abord à Houawé au service de son oncle Dako et du royaume pendant plusieurs années avant de migrer.

Dako avait eu le temps de consolider son autorité sur les territoires en éliminant un certain nombre de chefs GUEDEVI d'envergure moyenne, mais les deux plus gros éléments lui échappaient encore: ADINGNI et DAN. ADINGNI régnait sur la région de l'actuel Bohicon y compris Houawé (où vivait Dako) et Cana (où vivait Gangnihessou). DAN régnait sur la région de l'actuel Abomey et les villages alentours. Il faudra attendre plusieurs années encore avant que Akaba ne puisse venir à bout de DAN, pendant le règne de son père Houegbadja. C'est pour ça que l'histoire crédite plus son père Houegbadja pour cet exploit.

Le jeune prince Aho (futur Houegbadja) trouva une astuce et tua ADINGNI. Ensuite il coupa sa tête et l'apporta à son oncle Dako.

A cette époque, dans la culture Fon/Adja, c'est celui qui tue le roi ou chef de terre qui est récompensé pour son héroïsme et devient le nouveau roi. Or Aho Houegbadja qui venait de tuer le roi Adingni, était encore jeune. Son oncle Dako n'avait aussi aucune envie de lui laisser le trône qu'il avait usurpé par ruse chez son propre frère (le père de Aho). Dako proposa alors à son neveu Houegbadja de partir s'installer vers l'actuelle région d'Abomey et de créer sa propre royauté ou chefferie. C'était un cadeau empoisonné, puisque se hasarder dans ces parages reviendrait à empiéter sur le territoire du Chef Dan qui était encore plus puissant que le chef Adingni.

Aho accepta l'offre de son oncle et alla s'installer dans la région du Chef Dan. En un premier temps, la relation fut pacifique et Dan lui même accorda les premières terres aux nouveaux venus. Sur ces terres, Aho bâtit une grande maison aux allures de palais, l'entoura de fortifications et d'un large fossé, et fonda Agbome (Abomey). La nouvelle de ces développements se répandit et attira la jalousie et les machinations du Chef Dan d'une part et de l'oncle Dako d'autre part.

Dako proposa à Aho de revenir vivre à ses cotés et l'aider à Houawé. Aho refusa catégoriquement et prit le nom fort de Houegbadja. Aho demanda pourquoi le poisson qui était parvenu à s'échapper de la nasse (c'est à dire du filet de son oncle Dako) allait bêtement y retourner à nouveau.

Aho invita son père Gangnihessou qui s'ennuyait à Cana à le rejoindre à Abomey au coeur de l'action d'expansion et de construction du nouveau royaume des AGASSOUVI. Gangnihessou accepta avec empressement. Comme dans la coutume des peuples Fon/Adja, il n'est pas permis à un individu de régner ou de se proclamer roi pendant que son père est encore vivant et actif, Aho Houegbadja laissa symboliquement à son père le titre honorifique de roi. Si dans les faits, Houegbadja exécutait déjà sa vision pour le royaume, dans les apparences et de façon cérémonielle, Gangnihessou était le roi et le resta jusqu'à sa mort (probablement en 1645) quand Houegbadja fut officiellement intronisé.

L'Exode des AGASSOUVI et l'origine de certains noms de villages et de fétiches

Origine des fétiches AGASSOU et DOMELOKOE

Au départ tous les ALLADANOU adoraient le fétiche AGASSOU et étaient appelés AGASSOUVI. Ce fétiche était la matérialisation de la divinisation du patriarche et ancêtre lointain des ALLADANOU, AGASSOU qui a vécu bien avant leur départ de TADO et les a engendrés.

Les prêtres et les personnes chargées de s'occuper du Vodoun AGASSOU depuis Allada sont les AGASSOUNON. Ma grand-mère maternelle Marguerite descend de la famille AGASSOUNON. Ma grand-mère paternelle Elisabeth SEGLE HOUEGBADJA ne descend pas de cette famille mais est une grande prêtresse vodoun et dirigea un couvent dédié à la divinité AGASSOU à Abomey.

Peu après le départ d'Allada, une brouille divisa le cortège en deux camps opposés:

1- Le camp des vrais fils héréditaires de AGASSOU constitués par le chef/roi DO AKLIN et les princes et les princesses dirigés par GANYEHESSOU et DAKO ainsi que leur suite.

2- Le camp des alliés à AGASSOU, formé par un grand nombre de sujets dirigés depuis Allada par DANGBALI et ses trois frères GBOGBO-HONNOUMATON, DJOKOUNDAHO, et AFOYO.

Le premier camp interdit au deuxième de continuer à adorer AGASSOU. Le deuxième camp, désignant du doigt un arbre IROKO (LOKO) qui se dressait dans une dépression (DOME), répliqua: <<si vous nous refusez d'adorer AGASSOU, nous irons adorer l'iroko qui se trouve dans le bas-fond que vous voyez la bas>>. Ainsi naquit le fétiche DOMELOLOKOE dont la gestion revint de droit à DANGBALI et ses descendants. DOMELOKOE signifie donc l'iroko qui est dans le trou.

Origine des villes de HOUEGBO et de AKOUTA

Malgré la divergence religieuse, le cortège resta uni et poursuivit sa marche jusqu'à DAWESSA.

Ici princes, princesses et sujets se réunirent pour régler leurs différents religieux. Ils donnèrent le nom de HOUEGBO à toute la région, en honneur de leur reconciliation. A DAWESSA, ils installèrent le fétiche AGASSOU au nom de la réconciliation. Ce village fut désormais appelé HOUEGBO-DAWESSA.

Ils continuèrent leur route et arrivèrent à HOUAWE pour y élire domicile. Les coutumes et les traditions reprirent leurs droits. DANGBALI installa à HOUAWE le fétiche DOMELOKOE. Plus tard, il vint à Abomey et occupa le village GNIDJAZOUN pour y créer une immense plantation de palmiers. Il fut nommé chef de la région allant des frontières de SEHOUN et de DOKON jusqu'au bord du fleuve Couffo en passant par TANGADJI (chez les KEDJE). Il confia l'immense palmeraie à son frère AFOYO qui eut deux fils héritiers: AKPOLI et DOUBOGAN. Il partit de GNIDJAZOUN avec ses deux autres petits frères GBOGBO-HOUNNOUMANTON (qu'il plaça à ADADALI) et DJOKOUNDAHO (qu'il envoya à DOVOME). Pour sa protection et l'unité de la région, le roi lui créa le fétiche de AKOUTA qui donna son nom à toute la région. DANGBALI eut un fils heritier appelé AVOKANLIN. Pour plus d'information sur ces patriarches et ces collectivités, veuillez vous référer au livre publié par l'auteur sur les ANATOHON.

Roi DAKO DONOU (1620-1645)

Emblème: jarre, massue de guerre
Devise: Dako tue Donou aussi facilement qu'il brise une jarre d'indigo.
"Dako hou Donou bô zin bligbo"

Dako surprit Donou son ennemi Ayizo qui préparait l'indigo dans une jarre. Dako le tua, mit son corps dans la jarre et la fit rouler.
Certains disent que c'est en souvenir de cela que l'on retrouve la couleur violacée sur beaucoup de nattes, paniers et fibres du Danxomè.

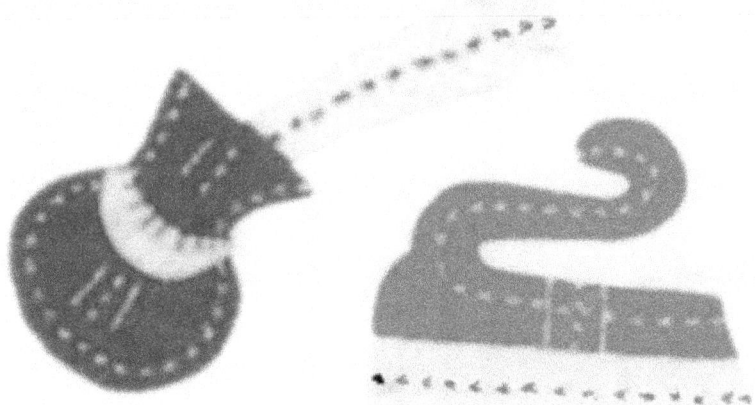

Axosumlanmlan (panégyrique) de Dako Donou

Donu ni axòsu bo meto no ci akpo

Donou, toi qui es devenu roi en faisant échouer un autre

Daködonu ni axòsu bo mêto nò ci akpo

Dakò Donou, toi qui es devenu roi en faisant échouer un autre

Donu gâ xwi bò me ku

Donou aiguise son sabre et l'homme meurt

Bulukutu hutò

Celui qui a tué Bulukutu (un des chefs autochtones de la region du Zou)

Asino wiwe hutò

Celui qui a tué la trop curieuse belle-mère

B'agala dele

Exemple de courage

Dakòdonu lo adetò

Dakòdonu l'intrépide

Frère de Gangnihessou, Dako prit le pouvoir en absence de ce dernier qui était retourné momentanément sur Allada pour faire les cérémonies d'intronisation. Cette histoire est déjà racontée au niveau de la section précédente (celle du roi Gangnihessou).

L'année de décès et de fin de règne de Dakodonou n'est pas connue avec certitude. Certains historiens utilisent 1645 qui est l'année de début de règne de Houegbadja. Mais cette année est plutôt l'année de décès et de fin du règne symbolique de Gangnihessou, père de Houegbadja. Il est possible que Dako Donou soit aussi décédé la même année que son frère ou un peu avant (scénario le plus vraisemblable) ou un peu plus tard. Il est possible aussi que Houegbadja par respect, ait attendu le décès de son père et de son oncle avant de se faire introniser. Ce qui est certain est que le siège de son pouvoir se trouvait dans un lieu different (Houawe) de celui de Gangnihessou et de Houegbadja (Abomey).

Après le décès de Dakodonou, Abomey devint la capitale indivisible et incontestée du royaume de Danxomè.

Aussi Dakodonou n'a eu aucun héritier biologique, soit parce qu'il était impuissant (selon ce que mon grand père a expliqué à mon père), soit parce qu'il était infertile, soit par représailles des dieux.

Plusieurs familles se considèrent toutefois comme des descendants de Dakodonou (et avec raison). Pendant son règne, Dakodonou a adopté une multitude d'enfants qu'il a élevés comme les siens. La descendance des esclaves d'un individu était aussi considérée comme la descendance de l'individu lui même et portait son nom, en ces temps anciens. Il était même interdit de discriminer c'est à dire de déclarer que tel est un vrai enfant et que tel n'est pas un enfant légitime.

Roi Aho **HOUEGBADJA**, le Bâtisseur (1645-1685)

Sassa-ho-gueli (chasseur d'éléphant)

Emblème: poisson et nasse (ou filet)

Devise: Le poisson qui a échappé à la nasse, n'y retourne pas.

"houé gb'adja, man yi adja "

le poisson qui est sorti de la nasse n'est pas prêt d'y retourner. C'est une allusion aux embuches dressées par son oncle Dakodonou pour son refus de vivre à ses cotés à Houawé.

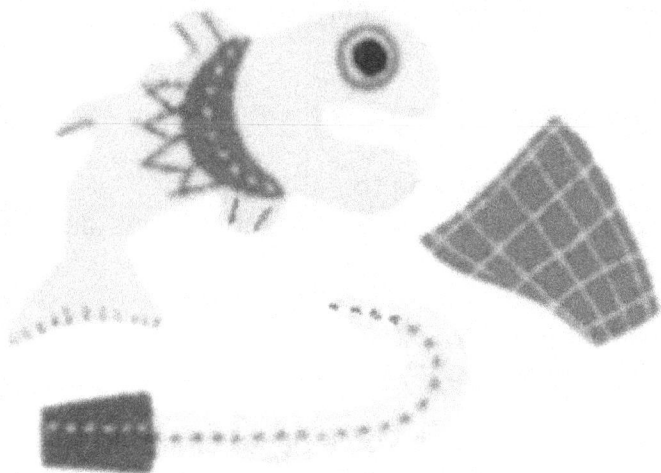

Axosumlanmlan (panégyrique) de Houegbadja

Dada Aho de ma na kpo
Le roi Aho l'emportera sur ses ennemis

Sasa nò xala ko
L'oiseau calao possède le rire de l'hyène (L'oiseau calao fait partie des animaux légendaires du Dahomey. On lui prête maintes vertus, dont celle de faire fuir des carnassiers aussi féroces que l'hyène.)

Do gba agli gwì nu
Tes troupes ont abattu les murs

Kpiso ma no hu sunu
Ce n'est pas en le secouant qu'on tue un homme fort.

E va do to bo no kuzu to
Il a couvert le pays et lui a imposé son tribut

To galagala vi Lësu
Courageux enfant de ce pays

Su nu hwe le di lele kpe to
Tout comme la lune, le soleil s'étend partout (Jeu de mots sur hwe qui veut dire soleil ou poisson)

Mè të gbe ma të sè
On arrache l'herbe, pas le chiendent

E të dada Axo kaka se kpô e na ko alòmènu wè me
Si l'on essaie avec le roi Aho, ce sera comme avec le chiendent, on s'écorchera les paumes

Gle huzò bò xwä mià sa
Le (travail du) champ était si pénible que la femme s'est dépêchée de le vendre

E kpôn kaka bo do e sa è
On a bien vu qu'elle méritait aussi d'être vendue (Cette femme avait promis au roi de défricher à elle seule tout un champ, escomptant l'aide de ses amants. Devant la défection de ceux-ci, elle dut se vendre avec le champ pour éviter la mort.)

Dada hutò
Celui qui a tué Dada (Nom d'un chef local d'où fut tiré par la suite le titre officiel des rois d'Abomey "DADA".)

Ajotï kpodo Lugwïkpà hutò
Celui qui a tué Ajotï et Lugwï (deux chefs Nagos)

B'agala dele
Exemple de courage

Dada Axo kaka lo adëto
Axo, le roi intrépide à jamais

Houegbadja (Houégbè adja) est le véritable bâtisseur et fondateur de la capitale du Danxomè: Abomey, qu'on appellera plus tard "la cité des HOUEGBADJAVI". Il construisit son palais au milieu des fortifications et remparts, "agbo min" que les Français simplifieront sous la forme de "Agbome" puis "Abomey". Le palais est protégé d'un coté par la forêt. Ses successeurs bâtirons leurs palais de fonction dans le prolongement de celui de Houegbadja.

Houegbadja codifia et promulgua la constitution (Danxomè Ka-soudo) et l'ensemble des règles régissant le fonctionnement du royaume. Houegbadja fit des lois avec obligation de les respecter sous peine de mort. Reconnu par le peuple comme "Roi", il nomma des ministres dont le plus important était Méhou.

Houegbadja s'imposa aux Guédévis. Il étendit son royaume en soumettant les chefs hostiles et aussi les Adja, comme leur roi Tokpli venu secourir certains villages et arrêter l'expansion d'Abomey. La région de Oungbégamé, se soumit ainsi que celles d'Agouna et de Djalloukou (peuplée de Yoruba/Nago). Ahossou Soha Gbaguidi quitta la région et alla s'installer avec les siens au pied des collines à Savalou pour éviter des ennuis.

Houégbadja alla à Cana (Kanan) dans le temple d'Agassou se faire reconnaitre par les ancêtres et s'initier aux grands secrets du royaume. Après cette cérémonie, le pays lui appartient comme s'il l'avait acheté. Il attribue un rôle à chaque ministre, et institue les cérémonies qui seront appelées plus tard les grandes coutumes. Tous les ans ou parfois tous les deux ans pour prouver aux ancêtres la fidélité du roi régnant dans la voie qu'ils ont tracé, et pour prouver au peuple que les ancêtres sont d'accord avec les actions du pouvoir actuel. Une autre cérémonie instituée par Houégbadja est le "houéwou lilè" ou "bain annuel". Au moment de la récolte des premières ignames, c'est une cérémonie de purification qui se fait dans une rivière vers Zogbodomè.

De sa première femme, Houégbadja eut deux jumeaux (les jumeaux étant très vénérés au Danxomè): un garçon appelé Houessou (qui deviendra le roi Akaba) et une fille Tassi Hangbé (qui deviendra aussi reine brièvement après Akaba). Il eut encore d'autres enfants dont un garçon qui se fera appeler Dossou Agadja et fut un roi puissant et conquérant.

L'influence de Houegbadja sur le Danxomè est immense parce qu'elle commence du temps du règne de son oncle Dako et de son père Gangnihessou, continue sous son propre règne et se poursuit au moins pendant les règnes de ses trois enfants directs Akaba, Hangbé et Agadja. Cette période part de 1620 vers 1740 au minimum, soit douze décennies.

Origine des villages de GNIDJAZOUN et DOKON

AWESSOU, lorsqu'il ne portait même pas encore ce nom, était chef sur un grand territoire qui incluait l'actuel emplacement de la ville de GNIDJAZOUN du temps de HOUEGBADJA. Les voleurs piquaient régulièrement dans son bétail de boeufs et les égorgeaient pour trouver de la viande à manger.

Lorsque AWESSOU fut conduit sur les lieux du délit, il s'écria: "ZOUNGBO E MIN YE NON DJA YIN TCHE LE DE

O DIE" ce qui devint "GNIDJAZOUN". Cela signifie: "Voici la brousse où mes boeufs sont souvent égorgés."

Il ajouta aussi: "NAN GBO LEDJE DOKO DE" ce qui devint plus tard DOKON. Cela signifie: "Je vais devoir m'installer dans les parages (pour garder un oeil sur mon bétail)." AWESSOU fut désormais connu comme le roi (ou chef de terre) de DOKON

La princesse AWE et son amant de DOKON

Le roi HOUEGBADJA eut de très belles filles. Elles étaient très jolies. L'une d'elles se fit appeler AWE. Elle aima profondément un jeune prince indépendant, roi de DOKON. L'histoire ne révéla pas le nom initial de ce jeune roi qui lui aussi aima honnêtement AWE. L'amour franc réciproque conduisit les deux amants au mariage. Désormais pour designer le jeune roi, tout le monde l'appela AWESSOU c'est à dire le mari de AWE.

Cet AWESSOU est l'ancêtre de NANWOUI AWESSOU qui est la mère de ma grand-mère paternelle Elisabeth SEGLE HOUEGBADJA (HOGBONOUTO AWANSIKINDE)

AWESSOU organisa sa cour et les après-midis, il se faisait chanter des louanges par un certain KPALIN qui tenait un gong volumineux en or pour la circonstance. AWESSOU était l'ami inséparable de AVOKANLIN (futur ANATOHON).

Les aventures amoureuses de la princesse HANGBE et de GBOGBO HOUNNOUMANTON: l'origine du nom ALLADAYE

La beauté de l'élégant GBOGBO-HOUNNOUMANTON brisa le coeur fragile de la charmante princesse HANGBE, fille de HOUEGBADJA, qui subitement tomba amoureuse. GBOGBO-HOUNNOUMANTON aussi ne put résister au charme éclatant de la grande princesse. Les deux s'attirèrent mais se heurtèrent à la barrière des classes. La princesse était de la haute classe royale. GBOGBO-HOUNNOUMANTON quoiqu'était artiste d'une grande renommée, n'était pas de rang princier. Mais il jouait et dansait avec dextérité le rythme TOBA et la majorité du peuple l'adulait.

Il était très habile et galant, mais aussi initié aux sciences occultes. Cette dernière compétence lui sera très utile lorsque son future épouse HANGBE deviendra reine du Danxomè après le décès de son frère jumeau, le roi AKABA. Sa célébrité lui valut le surnom de GONON ALLADAYE. Dans sa forme complète: GO DJE HON NON HIN ALLADAYE c'est à dire: la gourde attaquée par le ver de Guinée, garde l'ombre d'ALLADA.

Les enfants du roi HOUEGBADJA

- SEGLE (son premier fils)
- ROI HOUESSOU AKABA
- REINE TASSI HANGBE
- ROI DOSSOU AGADJA
- AWE (dont le mari devint AWESSOU)
- NAN DEDAGBE
- Autres enfants

Roi Houessou AKABA (1685-1708)

Emblème: phacochère (ou sanglier), sabre, caméléon

Devise: Quand le phacochère regarde vers le ciel, il se fait égorger. Lentement, doucement, le caméléon atteint la cime du fromager.

dè dè kaba kaba aganman non lia hun

Axosumlanmlan (panégyrique) de Akaba

Xwesu fiägodo
Véritable fils de cette maison
(aussi un des noms symboliques de Akaba)

Yeûmè
Celui qui est plus que les autres

Akwè yeûmè
Riche en cauris

Je yeûmë
Riche en perles

Avo yeûmë
Riche en pagnes

Je yeûmè
Riche en perles (bis)
(le roi est le Jëxosu, roi des perles, seul à détenir la richesse)

Nugbigba azö dokpo, azö dokpo mö nò di yeûmè
Ce n'est pas ce que tu exposes en une fois qui montrera toute ta richesse

Yaxëze kpolu hutò
Celui qui a tué Yaxeze (Yahasse) alors qu'il était accroupi (Yahasse est un homme-monstre anthropophage (ou un chef cannibale des Ouemenous selon certaines versions), qu'un vaillant serviteur de Akaba a vaincu lors d'une bataille à Lissezoun)

Tägbe gbatò
Celui qui a conquis le village de Tangbë
(Village situé aux environs d'Allada, conquis en même temps que ceux de Sinhoué, Gboli, etc..)

Tägbe'xòsu Ayiza hutò
Celui qui a tué Ayizâ, chef du village de Tangbé

Gboli-Akata gbatò

Celui qui a détruit Gboli-Akata

(Ce village se trouvait près d'Allada. Apres l'avoir détruit, le roi Akaba en avait emmené tous les habitants pour fonder un nouveau village du même nom à peu de distance d'Abomey.)

Aglwi hutò

Celui qui a tué Aglwi (Chef local de la région d'Allada qui s'était allié à Galinu Pala, roi Adja de Tokpli, pour renverser la dynastie naissante d'Abomey)

B'agaia dele

Exemple de courage

Xwesu Akaba lo adètò

Akaba, fils intrépide de cette maison.

Le mystérieux anthropophage YAHASSE

Sous le règne du roi AKABA, un homme-monstre anthropophage décimait la population depuis l'Ouest du royaume jusqu'au Centre. On l'appela YAHASSE. Il prenait les hommes et les femmes, et broyait leurs crânes avec avidité. Une panique générale se répandit dans le royaume et nécessita une contre-attaque vigoureuse et décisive. Le roi AKABA désigna HOUEMEHO et lui assigna la mission de lui ramener la tête de YAHASSE.

A première vue, le lecteur pourrait penser que YAHASSE KPOLI était un monstre primitif irrationnel. En réalité, d'autres récits apportent plus de précision et nous font savoir qu'il était un peu comme le chef de la sécurité et le chef de guerre des Guédévis sous le règne de chefs comme AWESSOU et DAN. Il est une des raisons pour laquelle les ALLADANOU n'ont pas pu simplement annihiler et rapidement dominer ceux qui vivaient avant eux dans la région. Ce n'est qu'après son décès que AKABA put asseoir définitivement la main mise des ALLADANOU sur la région.

Le puissant chasseur HOUEMEHO, une fois chez lui, s'apprêtât hâtivement. Il plaça au cou, aux bras et à la hanche tous ses puissants talismans, s'habilla et se chaussa. Il prit ensuite ses armes et s'enfonça dans la brousse. Il marcha plusieurs jours et plusieurs nuits en direction de l'ouest sans jamais rencontrer le monstre. Ce n'était pourtant pas un conte. C'était une réalité vivante. HOUEMEHO alla un peu plus au nord à travers la foret tropicale et après quelques jours de marche, tourna vers l'est et piqua droit devant lui.

Soudain, il s'arrêta net et s'immobilisa: l'homme-monstre était devant lui. YAHASSE venait de se lever de derrière un arbre, secoua sa tête volumineuse, renifla l'air et se mit à courir. HOUEMEHO le pourchassa à travers forets et savanes. Ils coururent à en perdre l'haleine et arrivèrent à LISSEZOUN. YAHASSE essoufflé, s'arrêta et fit face à HOUEMEHO qui le fusilla. L'homme monstre se plia en deux les mains posées sur ses genoux et mourut mais ne tomba pas. HOUEMEHO le bouscula longuement mais ne réussit pas à le faire tomber. On porta l'information au roi AKABA qui vint sur les lieux. Il tenta lui aussi de le faire tomber mais ne put. Le roi s'interrogea : <<quelle position adopter pour ne pas aller à la mort?>>. La tête de YAHASSE fut coupée et transportée au palais d'AKABA où elle fut conservée en lieu sûr appelé <DJIHO>. Cette tête aux vertus miraculeuses entraine la déroute des ennemis du Danxomè et donna aux royaume certaines victoires.

Le chef Dan qui avait approuvé l'installation des Alladanous Tadonous, était devenu très agacé par leurs demandes incessantes d'autorisation pour l'expansion de leur territoire, surtout qu'ils étaient déjà très proches des concessions des Guédévis. Il demanda alors avec sarcasme si Akaba (qui etait encore Prince Houessou en ce moment), voulait installer les nouvelles maisons dans son ventre. Akaba finit par le prendre au mot et bâtit les nouvelles constructions "dans son ventre". Danxomè = Dans le (me) ventre (xo) du chef Dan (Dan).

Les Guédévis et les Alladanous vivaient jusque là dans une coexistence basée sur un mélange de tolérance et de méfiance. Un jour Dan essaya de tuer Akaba en faisant creuser sur son itinéraire habituel, un piège: un fossé dont l'entrée était camouflée. Akaba se promenait ce jour avec ses chiens allant devant lui. Comme les chiens tombèrent et périrent dans le fossé, Akaba comprit qu'il avait affaire à un guet-apens et qu'il venait d'échapper de justesse au trépas. Akaba confronta et tua Dan le redoutable chef des autochtones des Guédévis dans un duel, et posa le premier pieu (comme la première pierre) du nouveau palais de Danxomè sur sa dépouille.

Le nom "Danxomè" qui deviendra "Dahomey" avec la déformation française est donc parti du roi Akaba, tandis que le nom "Agbomin" qui deviendra "Abomey" est parti de son père le roi Houegbadja.

Houessou Akaba monta sur le trône à l'âge avancé de 50ans. C'est peut être pour ça qu'il prit comme symbole le caméléon qui doucement mais surement atteint le sommet du fromager.

Il chausse les propres sandales brodé de son père Houégbadja et crée cette tradition qui fait des sandales, un emblème important de la royauté. Akaba continua l'installation des institutions du Danxomè, conformément aux instructions de son père Houegbadja. Il institue le rôle de premier ministre qu'il confie à son ami Hâssou désormais appelé Migan .

Les Yorubas et les Ouéménous de la rive droite de l'Ouémé prennent par surprise la ville d'Abomey, puis sont repoussés. Les chefs de Sinhoué, Sahé et Gboli sur la rive gauche du Couffo sont vaincus et se soumettent au roi du Danxomè. Les troupes de Akaba déjà actifs simultanément sur une multitude de fronts, échouent contre les Guins à Kédji.

Les blancs ayant débarqué à Ouidah et Djekin, et ayant apporté avec eux la variole comme aux Amériques, se mettent très tôt à propager la maladie parmi les populations non encore immunisées. Akaba aussi y succomba alors qu'il luttait encore contre les Yorubas et les Ouéménous.

Agbo Sassa fils de Akaba étant trop jeune pour gouverner, surtout dans les temps dangereux actuels, la soeur jumelle du roi défunt (Tassi Hangbé) assura la régence sur décision du Grand Conseil et au grand désarroi de Agbo Sassa et du futur Dossou Agadja qui salivait déjà.

Les enfants de AKABA

- AGBO SASSA
- TOKPA
- ZOMADONOU (ZOMADOU)
- Autres enfants

Reine Tassi HANGBÉ (1708-1711)

Emblème: phacochère ou sanglier (comme Akaba)
Devise: Quand le phacochère regarde vers le ciel, il se fait égorger (comme Akaba).

Axosumlanmlan (panégyrique) de Tassi Hangbé

[sera inclus dans la prochaine édition]

Elle a le même emblème que son frère jumeau et prédécesseur Akaba

AKABA avait déjà contracté l'infection de variole qui lui sera plus tard fatale. C'était en plein milieu d'une campagne guerrière de son armée contre des territoires Yoruba/Nago. Encore lucide mais alité, il invita sa soeur jumelle HANGBE et lui proposa de s'habiller comme lui et de prendre la tête des troupes et continuer la campagne. HANGBE se conforma à la décision de son frère et remplit vaillamment sa mission. C'est ce subterfuge proposé par AKABA lui même qui influencera plus tard le conseil chargé de choisir le prochain souverain.

La variole qui est une maladie très infectieuse et facilement remarquable aurait été un facteur de distraction parmi les troupes, de même que les chuchotements sur l'avenir du royaume sans son souverain. C'est pour cela que même la nouvelle du décès du roi ne fut pas vite publiée. La variole a été amenée par les commerçants occidentaux accostés à Ouidah. Les habitants du Danxomè ne savaient ni comment l'éviter ni comment le guérir.

La nuit du roi AKABA tomba sur le royaume du Danxomè - c'est-à-dire le roi rendit l'âme. Son unique héritier AGBOSSASSA était encore très jeune. Cette situation était favorable à son oncle AGADJA qui convoitait secrètement le trône. Le conseil royal en décida autrement. En effet, la princesse HANGBE fut nommée Reine chargée d'assurer les affaires courantes jusqu'à ce qu'AGBOSSASSA devient majeur. Le canon royal tonna. Tout le monde se plia face à la décision de la cour. AGADJA chercha le moyen de faire basculer cette grande décision. Il y parvint. En effet, jamais de mémoire d'homme, le pouvoir ne s'était donné comme un gâteau sur un plateau. Il se méritait. Un prince heritier devait faire preuve d'intelligence, de ruse et de sagesse puis démontrer son courage, sa fermeté, sa ténacité, sa bravoure et sa grande puissance de gestion politique, économique et culturelle. Le prince AGBOSSASSA n'avait pas encore les qualités pour être Chef d'un grand royaume comme ABOMEY. Il devait prendre son mal en patience. En tout cas c'était le point de vue de AGADJA.

Hangbé est la soeur jumelle presque identique en termes de physionomie du Roi Houessou Akaba. Elle régna sous le couvert de son frère défunt, et déguisée comme celui-ci afin d'éviter que les ennemis du royaume ne profitent d'une période de deuil pour venir à bout du Danxomè.

Hangbé régna comme une régente en lieu et place de AGBOSSASSA, héritier légitime de AKABA tout en gardant les attributs de son frère jumeau AKABA. Elle était soutenue et assistée par son mari ALLADAYE jusqu'au décès de celui-ci.

Hangbé donna aussi la main de sa soeur Nan Dédagbé (fille de Houegbadja) à son mari ALLADAYE pour qu'elle tienne compagnie à celui ci pendant ses absences durant les campagnes guerrières.

Toutes les choses cachées finissent par être révélées. Le règne de HANGBE avait pendant longtemps été passé sous silence. Le fait que sa prise de pouvoir ne fut pas suffisamment proclamée (de peur que les royaumes ennemis n'en profitent) est aussi un facteur contributeur. Ainsi, les voyageurs et les historiens occidentaux l'ont souvent occulté par ignorance. Les teinturiers du royaume du Danxomè ne la mentionnent pas sur leurs oeuvres. Il a fallu attendre que les mentalités et les moeurs évoluent pendant quelques siècles pour que sa mémoire soit redécouverte et restituée. Les rois, princes et prêtres du Danxomè, ne l'ont toutefois jamais oubliée: quand il faut honorer les mânes royales, elle est toujours incluse et reçoit sa part de sacrifices et de libations.

La reine a eu cinq enfants avec son unique mari: trois garçons, une fille et un mort-né MEDEWONNOU (une grossesse qu'elle a mise dans une fissure de mur avant d'aller à guerre. Au retour, elle a repris sa grossesse pour accoucher le même jour. Évidemment l'enfant n'a pas survécu et a été enterré à côté du mur. La tombe est marquée par une pierre chez les HANGBE jusqu'à présent.)

Enfants de la reine Hangbé

AGONHON
ANAGONOU TOSSA
HOUESSOUGBE
SEBOGLON
MEDEWONNOU (le mort-né)

L'Armée du Danxomè (Illustration, 1793)

Les grandes fêtes annuelles du Danxomè,
(Illustration romancée, 1793, Archibald Dalzel)

Roi Dossou AGADJA Trudo, (1711-1740)

Emblème: caravelle (navire de guerre)

Devise: Atin dja agadja man gnon zo do. (Personne ne peut mettre le feu à un grand arbre abattu avec toutes ses branches; il faut d'abord le découper.)

La caravelle ou bateau sur son emblème, représente la prise de Savi et Ouidah avec une croix symbolisant la religion chrétienne que les missionnaires y ont importé.

L'ascension d'AGADJA au trône

AGADJA qui convoitait le trône se souvint que la reine HANGBE avait un amant qui lui rendait visite nuitamment. Logiquement l'amant de la reine devenait Roi de facto. L'idée que GBOGBO-HOUNNOUMATON (ALLADAYE) puisse devenir roi ou exercer la fonction sous le couvert de la reine HANGBE s'entendit mal au sein des AGASSOUVI. Une nuit AGADJA tendit une embuscade devant le portail de la reine et captura GBOGBO-HOUNNOUMATON qui fut tué charcuté et enseveli. Sa fosse fut hermétiquement fermée. C'est alors qu'AGADJA prit le surnom de DOSSOU. La nouvelle se répandit rapidement, parvint aux oreilles de la reine HANGBE qui abandonna aussitôt le pouvoir. Au lever du jour, le canon royal tonna. AGADJA se saisit du pouvoir, montant sur le trône sous le nom de DOSSOU-AGADJA et raffermit son autorité. C'était en en 1711. Le roi DOSSOU-AGADJA (YAN MAN DJO HOXO LO BO GNI DOSSOU c'est-a-dire : l'homme n'étant pas né après des jumeaux mais qui se fit pourtant appeler "le fermeur de trou") appela le jeune prince AGBOSSASSA dans son palais et lui signifia dans un premier temps que la décision de la cour continuait d'avoir droit de cité et le rassura quant au retour futur du pouvoir dans ses mains.

Les bols de bouillie de AGBOSSASSA

Quelques années plus tard, l'héritier AGOSSASSA se présenta un bon matin au palais du roi DOSSOU-AGADJA en vue de faire valoir ses droits de princes héritier. Il fut chaleureusement accueilli et installé avec son escorte. Malgré la fraicheur matinale, on leur servit de l'eau puis ensuite de la liqueur suivant la coutume locale.

Peu après le roi DOSSOU-AGADJA vint s'asseoir et ordonna que le premier bol de bouillie soit présenté au jeune prince. Ce dernier y trempa sa langue, constata qu'elle était sans sucre et sans miel puis re-déposa le bol. Le deuxième bol lui fut tendu. Il le porta à la bouche et remarqua que c'était un bol de bouillie sucre au miel vida le contenu d'un seul trait.

Le roi DOSSOU-AGADJA lui expliqua l'énigme : <<Ainsi, à Abomey, le pouvoir royal est comparable a ce bol de bouillie mielleuse et sucrée. On ne le remet que lorsqu'on est mort.>>

AGBOSSASSA, fâché, sortit du palais avec son escorte et, arrivé au logis, ramassa ses effets, rassembla ses fidèles compagnons puis donna des directives sur la nouvelle destination. Sa caravane traversa le marché ADJAHI et fut suivie des autres fidèles venus faire le marché. Elle mit le cap sur le Nord, arrlva à THIO puis alla s'installer à ASSANTE. Le prince AGBOSSASSA rejeta les louanges claniques des AGASSOUVI et adopta celles des AHANTOUNVI.

Plus tard des expéditions guerrières lancées contre le Nord capturèrent quelques descendants de AGBOSSASSA qui furent ramenés à ABOMEY et installés à DOGUEME sur un domaine baptisé <<AYIMINTONDJI>> (traduction littérale: "Sur notre domaine").

Agadja naquit en 1673 à Abomey et tira sa révérence en 1740, année marquant la fin de son règne. Le visage marqué de petite vérole, il était de taille moyenne et corpulent, intelligent et fin. Agadja était tellement brave et remarquable qu'il fut surnommé "Trudo" par les Anglais. Ses exploits étaient connus autour du globe.

Impatient et fatigué d'attendre son tour éventuel, et ne voulant pas prendre le risque que le petit Agbossassa ne grandisse et monte sur le trône, Agadja élabora un coup d'état pour renverser sa soeur Hangbé: Il décréta d'abord qu'il était "Dossou", c'est à dire l'enfant qui vient après les jumeaux Akaba et Hangbé. Ce qui n'était pas exact puisqu'il ne les suivait pas immédiatement. C'est pour cela que les Fons disent "Agadanou Dossou" c'est à dire un "Dossou" artificiel de la dernière heure.

Agbo Sassa s'exila et alla s'installer avec les siens en territoire Mahi à Ouessé.

Axosumlanmlan (panégyrique) de Agadja

Cakucaba agidi wolo

Cakucaba, le très puissant charme

(Cakucaba est un nom magique de Agadja)

Agidi wolo

Très puissant charme

Lo wuli nu tô ma do adikà

Lorsque le crocodile attrape quelque chose, la rivière ne lui en fait pas procès

Xla fâ b'avù bò

Quand le loup gémit, les chiens se cachent

De kaka de do to

Bien qu'étant nombreux, ils doivent se taire

Ku hu nu ma u xölö

On ne peut se venger de la mort qui tue

Savinu Hufô hutò

Celui qui a tué Huffon de Savi

Anagonu Savi hutò

Celui qui a tué les Nago et Hxedas de Savi

B'agaia dele

Exemple de courage

Dosu ho-yi-tò lo adetò

L'intrépide Dossou qui s'empare des bateaux sur l'eau

La prise d'Allada

Le royaume d'Allada s'enrichissait du commerce avec les royaumes côtiers qui commerçaient avec les blancs et les raids esclavagistes qui étaient parfois dirigés contre les Fons. Agadja qui voulait faire cesser les raids et souhaitant couper sa dépendance vis a vis d'allada pour l'acquisition d'armes (Il voulait commercer directement) commença par comploter une offensive.

Lors d'une cérémonie à Allada à laquelle Agadja était convié ainsi que le roi Houffon de Savi. Houffon ventait ses richesses et se moquait de Agadja, qui au lieu de s'offenser décida d'user de ruse .

En Mars 1724, Agadja et ses troupes envahissent et déciment le royaume d'Allada. La violente campagne qui ne dura que trois jours fit des milliers de morts et huit mille prisonniers dont une bonne partie sera plus tard vendue comme esclaves vers les Amériques.

La prise de Savi et de Ouidah

Agadja avait entendu parler de Ouidah. Les voyageurs racontent les choses merveilleuses que les blancs importent de pays fabuleux et lointains (Yovotomé) et qu'ils échangent contre des hommes. Ouidah est donc la porte que doit conquérir Agadja.

Toujours en 1724 Agadja demande à Houffon l'autorisation de commercer librement avec les blancs. Houffon possédait en ce temps deux canons et des fusils qu'il a payé pour 85 esclaves. Il refuse de laisser Agadja commercer car si Agadja venait à Ouidah , Houffon ne sera plus maitre chez lui. Il a probablement appris ce qui est arrivé au royaume d'Allada.

Agadja tente de marcher sur Sahé et par sept fois son armée est tétanisée et refoulée par le fracas des fusils et des canons qu'ils n'avaient jamais vus auparavant.

Houffon propose à Agadja un deal d'un fusil par esclave; mais étant malin, il fait altérer les armes pour qu'elles ne puissent pas être immédiatement utilisées contre lui et les siens. Agadja ne connaissant rien aux armes était persuadé d'avoir acquis les terribles armes que détenaient les hommes de Sahé .

Finalement les Danxomenous finirent par s'habituer aux fracas des armes mais l'utilisation de celles ci relevait de l'exploit car celles acquises par Agadja n'avaient pas de "chiens" et il fallait deux hommes pour les utiliser (un homme tenant l'arme et un autre tenant le tison qui mettait le feu a la poudre).

Pensant sa situation et son armement suffisants Agadja marcha sur l'armée de Houffon, mais fut battu à nouveau. Houffon le poursuivit jusqu'a Ouégbo-Ahouétanou.

Voyant la gravité de la situation et le risque de la perte de ses conquêtes et voyant qu'il avait été abusé par l'achat des armes défectueuses, Agadja estima prudent de temporiser. Pour espionner Houffon il lui donne une princesse d'Abomey Na-Guézé qui va s'installer à Savi avec toutes ses suivantes, en guise de paix et d'amitié entre les deux royaumes.

Houffon disposait d'une puissante armée qui mis Agadja en échec à trois reprises. Il vendait les Fons d'Abomey comme esclaves et faisait à sa guise.

Les Popo alliés aux Houédas contre Agadja , pensent que celui ci est fini et qu'il lui sera incapable de résister à l'assaut final. Mais Agadja a d'autres tours dans le sac.

Finalement en 1727 l'armée d'Abomey se concentre autour de Savi Na-Guézé, et parvient à mouiller les poudres des canons qui protégeaient la ville de Savi, grâce à des amazones déguisées comme simples servantes de la reine Na-Guézé et qui parviennent à entrer discrètement dans la ville.

Agadja et ses troupes vainquirent ainsi le royaume de Savi et sa capitale Ouidah; ainsi qu'une multitude d'autres royaumes et territoires. C'est sous son règne que le Danxomè développa une vraie marine de guerre avec une multitude de navires stationnés à Ouidah sur la cote.

Les territoires intérieurs de la région de Ouidah seront occupés définitivement et administrés en permanence à partir de 1741 sous le règne de Tegbessou, devenant des territoires d'outre-terre des rois d'Abomey.

Campagnes contre les MAHI

Agadja entreprend trois campagnes contre les Mahi de Gbowélê et de Paouignan , pour acquérir des esclaves à échanger contre des armes. Les Mahis résistent et harcèlent les Danxomenous. Furieux Agadja fait exécuter plusieurs de leurs chefs précédemment capturés comme prisonniers de guerre. Il arrive plus tard à les vaincre.

La prise de Djékin (Cotonou/Koutonnou)

Les incursions d'Agadja ruinent le trafic de la côte a l'initiative des commerçants Hollandais qui les arment, les habitants de Djéquin se rebellent et se préparent à résister à l'armée d'Abomey.

En mars 1732 le royaume de Djêquin (Djékin) vassal d'Allada qui se situe sur la cote au sud de Godomey, est vaincu et se soumet a Agadja. suite à la prise de la ville et à l'arrestation de certains européens qui les assistaient.

Les guerres contre Oyo

Le règne de Agadja, le conquérant est meublé de guerres incessantes pour agrandir le royaume et commercer avec les blancs. il dut pourtant baisser la tête devant les Yorubas de Oyo.

Alafin et sa puissante armée d'Oyo Ojidji, composé d'intrépides cavaliers, s'attaquent au Danxomè soutenu par les Fons d'Agonli, obligeant Agadja à se réfugier sur les rives du Mono.

Avec la chute de Savi/Ouidah et sentant la menace s'approcher, les chefs Houéda demandent l'aide de l'Alafin d'Oyo et de l'armée Yoruba. Les Ayonous viennent saccager Abomey. L'invasion Yoruba a pu aussi etre une entreprise autonome et opportuniste non influencée par l'appel des Houedas et Popos.

Plutôt que de perdre toute son armée, Agadja préféra se retirer au delà du fleuve Mono, laissant ainsi sa capitale sous le contrôle des Yorubas. Le fleuve Mono en crue servant de barrière défensive.

La tradition rapporte que pendant le conseil de guerre le Gaou (général en chef) proposa une solution désespérée consistant à se battre jusqu'au dernier soldat, le temps que le roi et sa famille soient placés au centre du champ de bataille encerclés par les barils de poudre afin qu'au denier moment ceux ci soient mis à feu pour éviter la capture du roi et de sa famille par l'ennemi qui allait certainement les tuer de façon humiliante.

Le Migan (bourreau et ministre de la justice) nommé Landiga O-So-Ofia acquiesça, de même que tous les autres chefs et ministres. Puis les jeunes princes prirent la parole. Les quatre premiers se rangèrent à l'avis exprimé par les anciens. Par contre le plus jeune, Avissou, proposa de prendre la fuite en marchant dans le fleuve avec l'eau jusqu'aa hauteur de poitrine. <<A demi immergé, remontons le courant. Après une bonne marche nous arriverons à l'abri des taillis de Kantomé par delà les chutes d'Ajarala. Ainsi dissimulés les Ayonous perdront notre trace et nous serons sauvés.>>

C'est ce qui fut fait et les Ayonous ayant perdu leurs traces, se retirèrent effectivement mais campèrent dans et autour d'Abomey.

Les Yorubas reviendront plus tard à la charge. Pour éviter la destruction de son armée , Agadja se soumet à l'armée de Alafin, sur les conseils du prince Awissou séquestré à Oyo et qui servira de caution pour une rente qu'Agadja devenu vassal devra désormais verser chaque année. La rente appelée le tribut d'oto était composée d'un vrai fils de roi, de 41 jeunes hommes, 41 jeunes filles, 41 fusils, 41 barils de poudre, 41 sacs de cauris, et autres. Ce tribut restera en place et stabilisera un peu les relations entre Oyo et le Danxomè jusqu'à ce que Guézo le grand ne parvienne longtemps après à vaincre Oyo et faire cesser le paiement de cet odieux tribut.

Le roi AGADJA et le tribut d'OYO

Le royaume d'Abomey payait un tribut au royaume d'OYO dont la puissance et l'autorité s'étendaient du NIGERIA jusqu'au plateau de KETOU et KPEDEKPO. Il s'agissait de donner quarante une femmes esclaves, quarante hommes esclaves, un vrai fils du roi, des lingots d'or, des sacs de cauris et des balles de tissus. DOSSOU-AGADJA, trouvant ce tribut agaçant et trop lourd refusa de continuer de le payer. Les Yorubas d'OYO lancèrent une forte expédition contre Abomey qui fut capturée bien vite. AGADJA et les rescapés de son armée fuirent à ATAKPAME et trouvèrent refuge à WEHONOU.

Les Yorubas envahirent Abomey et s'y installèrent. Ils rejetèrent toutes les négociations et réclamèrent la tête du roi AGADJA. Les intrépides intraitables et puissants guerriers Yorubas s'enfoncèrent dans la foret environnante recherchant le moindre indice qui devait leur permettre de retrouver les traces des fuyards. Ils s'éparpillèrent sous la végétation luxuriante, fouillèrent chaque coin et recoin, chaque buisson, chaque fourré et s'assurèrent de leur échec avant de progresser d'un mètre. Ils étaient sans pitié. Tout animal qui se faisait découvrir était abattu. Tout homme imprudent innocent et naïf qui se hasardait dans les parages était tué. L'ombre de la mort planait au-dessus de la tête de toute âme qui se mouvait.

Pendant ce temps à Abomey, les populations sans roi étaient livrées aux caprices des princes Yorubas. Elles étaient accablées par les dures corvées d'eau, de vivres, de lessive, de vaisselle, de propreté et de plaisir sexuel. Elles maintenaient actif le commerce Yoruba et alimentaient les puissants guerriers campés dans les forets.

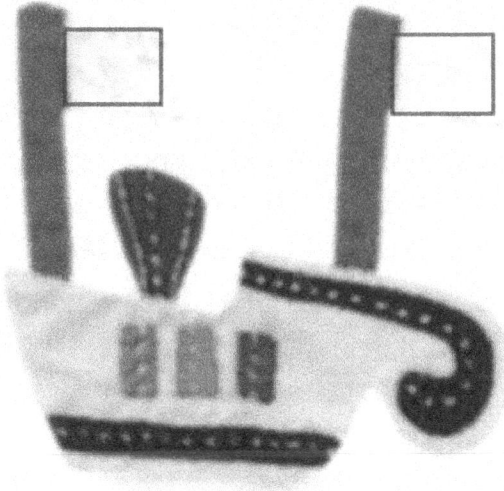

AGADJA et la bravoure de AVOKANLIN

Le roi AGADJA réunit son conseil. Tous les paramètres indiquaient l'impossibilité du retour du roi à Abomey. Un pouvoir conquis au prix des intrigues et de grandes astuces, pouvait-il échapper aussi facilement? AGADJA serait probablement mort de honte. Il se serait suicidé pour éviter l'opprobre. Il fallait forcement trouver une solution. Tout le conseil réfléchissait. AGADJA releva la tête et attira l'attention de tout le monde vers lui. Il demanda de lui trouver un vaillant capable de passer entre les mailles du filet des implacables guerriers Yorubas pour aller jusqu'au palais du roi AKABA à Abomey, récupérer la tête-fétiche de YAHASSE et la rapporter à WEHONOU à ATAKPAME.

Un grand silence plana sur la salle de réunion pendant un long moment. La peur d'une mort certaine glaça tous ceux qui étaient présents. C'était une de ces missions très risquée avec une faible probabilité de survie. Comme personne ne se portait volontaire, AVOKANLIN fils de DANGBALI leva la tête et accepta de remplir la mission. Il déclara: <<Je suis le vautour qui planera dans les airs D'ATAKPAME à ABOMEY, et dont l'ombre effraiera les oiseaux. Je ramènerai la tête de YAHASSE.>> Il lista les éléments dont il aura besoin pour se déguiser en Yoruba. Lorsqu'on lui réunit tout ce qu'il avait réclamé, il se prépara devant le roi, reçut la bénédiction de ce dernier et s'en alla. Grace à sa maitrise de la langue et des coutumes Yoruba, il parvint à passer au milieu des soldats ennemis en se faisant passer pour un des leurs. Il discuta, mangea et parfois dormit parmi eux avant d'atteindre sa destination.

C'est ainsi que AVOKANLIN réussit sa mission et parvint à ramener la mystérieuse tête à WEHONOU. AGADJA en fit un colis magique qu'il posa sur la tête d'une femme à qui il demanda de marcher au devant des troupes en direction d'Abomey. Aussitôt, un grand nuage d'abeilles partit du colis magique et se déploya dans la forêt, piquant et chassant les envahisseurs Yoruba. L'armée d'OYO fut obligée de battre en retraite et retourna dans son royaume.

AGADJA purifia son palais, y mis de l'ordre et se réinstalla. Pour récompenser AVOKANLIN, le roi le nomma chef de région allant des frontières de DOKON et de SEHOUN jusqu'au fleuve Couffo, en passant par TANGANDJI. Il lui donna un trône, un chapeau de dignitaire, une chemise blanche, un grand pagne, une paire de chaussures, un collier, des bracelets, une récade et un parasol. Il le surnomma ANATOHON.

AVOKANLIN trouvait qu'il était anormal et irrespectueux pour lui d'être chef de région pendant que son père était encore vivant et présent. Il lui remit alors le titre et les récompenses. Alors DANGBALI quitta GNIDJAZOUN pour s'installer à AKOUTA et devint le premier chef de région ANATOHON. A la mort de DANGBALI, son fils AVOKANLIN prit sa succession et devint le deuxième ANATOHON.

Le célèbre gong du royaume ou le KPANLIN-GAN

AWESSOU ne put cacher sa grande satisfaction lorsqu'il apprit l'intronisation de l'inséparable ami AVOKANLIN. Quel heureux évènement! Les deux amis qui étaient d'ailleurs liés par un pacte de sang, se voyaient très fréquemment, mangeaient, buvaient et causaient ensemble. Ils se rendaient d'innombrables et utiles services. Aucune ombre de méfiance ne traversait leur esprit.

A ses heures perdues, AVOKANLIN aidait même KPALIN à louer AWESSOU en sonnant le gong tout autour du petit palais. Il le faisait volontiers très souvent, tant et si bien qu'il n'avait plus besoin d'être suivi. Il avait cependant un objectif secret qu'il ne révéla à personne. Il supportait mal en effet qu'un roitelet comme son ami AWESSOU puisse se faire louer alors que même le roi du Danxomè ne faisait pas cela. Seul le roi AGADJA méritait ce grand honneur.

Un jour, lorsque KPANLIN lui offrit encore une fois l'opportunité de louer AWESSOU, AVOKANLIN s'enfuit avec le gong. KPANLIN s'en rendit compte et alla avertir AWESSOU qui se lança à sa poursuite plus vite qu'une gazelle. Il le rattrapa quelques instants plus tard, s'agrippa à lui et le terrassa. AVOKANLIN parvint à se dégager et les deux hommes continuèrent la lutte. Le gong était déjà tombé et rangé au bord du chemin. La lutte était acharnée et les forces égales. A un moment donné, AVOKANLIN fit semblant de vouloir prendre son élan et revenir à la charge; mais il se saisit plutôt du gong et détala à toutes jambes. Cet endroit témoin du combat entre AWESSOU et AVOKANLIN fut nommé GANHWLITIN. Les herbes piétinées et tuées jusque dans leurs germes, refusèrent de repousser. Ce serait le cas jusqu'à ce jour à cet endroit précis.

AWESSOU, pris au dépourvu par la tactique de son ami voleur, abandonna la poursuite et retourna chez lui. AVOKANLIN arriva au palais du roi AGADJA, lui remit le gong volé et lui narra toute l'histoire. Depuis ce temps, la population de DOKON et celle de AKOUTA se regardèrent en chien de faïence. Ce fut le début des louanges royales avec le gong dans le Danxomè. Le gong loua AGADJA, TEGBESSOU et tous les rois qui suivirent.

KPANLIN se mit au service de AGADJA. Le poste de KPANLIN devint une institution dans la cour royale du Danxomè. Ce fut le point de départ d'une atmosphère de haine très tendue entre AVOKANLIN et AWESSOU qui coupa tout contact avec son ami devenu voleur de son gong. Il guetta toutes les occasions pour lui marquer le coup. AVOKANLIN joua désormais à la défensive et évita de croiser AWESSOU sur son chemin. Quelques années plus tard, les deux moururent et laissèrent leurs trônes à leurs héritiers AWESSOU AGBODJIHOUN à DOKON et ANATOHON ADJANOU à AKOUTA.

Le Kpalin-gan (griot ou chroniqueur du Roi)

Agadja fut un grand roi. De son règne date le commerce officiel avec l'Europe, par le biais désormais de deux port celui de Djékin (Cotonou) et Ouidah .

Agadja fut surnommé le preneur de bateaux. Il mourut en 1740 d'une brève maladie, laissant un royaume du Danxomè beaucoup plus vaste. D'Est à l'Ouest du Couffo à l'Ouémé et du sud au nord depuis la mer (Ocean Atlantique) jusqu'au territoire Mahi. Savalou ayant un accord avec Abomey et gardant une autonomie relative.

Les enfants de AGADJA

- Roi BOSSA AHADE TEGBESSOU
- Roi GNANSOUNOU KPENGLA
- Prince ZINGAH
- Princesse NAGUEZE
- Prince AWISSOU (AVISSOU)
- Autres enfants

Bas-relief illustrant une première rencontre de citoyens dahoméens avec un navire européen

Roi Bossa Ahadé TEGBESSOU (1740-1774)

Emblème: buffle habillé

Devise: Rien ne peut forcer le buffle à retirer sa tunique.

Awu djé agbo ko bo klonklonglo

Le buffle habillé est difficile à déshabiller. Cet emblème fait allusion à un incident qui s'était produit lors de son intronisation.

Tégbessou devait porter une journée entière la tunique de son père au risque si il ne le peut se voir refuser son accès au trône. Or la tunique avait été rempli de plante urticante le fait de la retirer aurait suffit pour l'écarter. Tegbessou surmonta l'épreuve .

Tégbessou, petite plante qui pousse en dépit des feuilles qui jonchent le sol "ama ma gbi gbé no tégbessou "

Une tradition orale recueillie à Abomey (BENIN) auprès de la famille Tokpo en novembre 1991 par Dominique Juhé-Beaulaton indique que:

Un prince (àhovi) fut envoyé à Ayotomè (Oyo chez les Yorubas); en partant, il prit sur lui de la cola avì, àtakun, àhòwé et là-bas il refusa de manger tout ce qu'on lui donnait pendant trois jours. Alors ceux chez qui il était dirent : "S'il ne veut pas manger, alors envoyez le sarcler le champ d'ignames."

Mais il ne sarcla pas et déclara : "Si vous m'attendez pour sarcler ce champ d'ignames, alors il sera touffu" (té glé àyonu ton gbo jè na su), d'où le nom de "Tégbésu" (Tégbessou) que porta le roi Bossa Ahadé.

Certains linguistes et historiens interpréteront aussi le nom à posteriori comme "le champs d'igname se recouvre de mauvaises herbes", pour rappeler la fin du roi comme otage en pays Yoruba où il s'occupait de l'entretien d'un champ d'igname . "Té" étant le mot en langue Fon pour "igname". Ceci ne saurait être exact puisque les faits générant un nom ne peuvent pas venir après que le nom ne soit déjà en usage.

Le séjour de Tégbessou au royaume d'Oyo doit remonter au temps où il était encore prince et y fut convoyé dans le cadre du tribut annuel que le Danxomè devait payer à Oyo pendant ces temps et qui devait inclure un prince authentique en plus des esclaves et marchandises.

Axosumlanmlan (panégyrique) de Tegbessou

Tegbesu awu je agbokò
Tegbessou, le buffle habillé

Xâde, Axâde awu wè jè agbokò
O Axâde, le buffle est habillé

Awu wê je agbokò bo koklo vê ku e, koklo ve ku e
Ce vêtement qui est sur le cou du buffle, pour le lui arracher il faut le tuer, il faut le tuer

Awu e më de do, më de do, Axâde, awu kò yi awamë
Ce vêtement, celui qui se trouve ici, Ahadé, l'a déjà dans les bras

Zanu Hünö hutò
Celui qui a tué Hünö le Za. (Ce chef de la région de Cana avait reproché au roi d'Abomey de vouloir bâtir le temple de sa mère dans son nez.)

Awôtï kpanu zanëto
Celui qui a coupé le nez aux gens de Za

B'agala dele
Exemple de courage

Mama Degwe lo adetò
L'intrépide Mama Degwë (non magique de Tegbessou)

Après sa prise de pouvoir, Tegbessou aurait fait arrêter son grand frère Zingah, soupçonné de complot et sédition, et l'aurait fait noyer en le faisant jeter par dessus bord d'un canoë qui était sur la lagune de Ouidah.

Les habitants de Za se soumettent écrasés après six campagnes de Tegbessou.

C'est Tégbéssou qui en 1741 se rendra maitre incontesté de Ouidah et en fit un territoire effectif d'Abomey. Il nommera le premier Yovogan (un nom célèbre sous Guézo lorsque le poste était occupé par "Chacha" Francisco de Souza). Le Yovogan est un ministre ou émissaire du roi qui reste à Ouidah et s'occupe du commerce avec les Européens. Avec Chacha (qui était ami personnel et sincère de Guézo), la position pris plus d'ampleur et devint quasiment une sorte de vice-roi.

Hodonou était le premier Yovogan que Tegbessou nomma. L'histoire fera fortuitement croiser ce Hodonou avec l'un de mes ancêtres ADJINA NONGLOKPO MEDALI GBAGUIDI qui donna à Hodonou la formule pour finalement avoir une descendance et changera éternellement le cours de leurs destinées respectives. Pour plus d'informations, consultez le livre < **Rois, Princes, Esclaves et Nobles** > du même auteur, paru aux Editions Solara.

Tegbessou (comme Adandozan des décennies plus tard) refuse de payer le tribut aux Yoruba de Oyo. En réprimande, Cana et Abomey sont incendies et un ambassadeur percepteur est imposé au royaume pour assurer la régularité de la collecte du tribut.

Les enfants de TEGBESSOU

- Le prince ADJOKPALO
- Autres enfants

L'Armée du Danxomè repousse une attaque navale française (Illustration, 1892, Petit Journal)

Roi Yansounou KPINGLA (1774-1789)

Emblème: un oiseau (passereau), une pierre dans l'eau et un fusil

Devise: L'oiseau agité attaque les autres oiseaux.

Naissance: 1735 (Abomey). Décès: 1789 (Abomey)

"sinmé kpingla ma sin avivo"

La pierre dans l'eau ne craint pas le froid.

Cela signifie: que le roi ne craint nul ennemi , comme la pierre dans l'eau. Ceci évoque de façon éloquente les adversités auxquelles il a du faire face.

Axosumlanmlan (panégyrique) de Kpingla

Axòsu Sïmëkpë
O roi qui es comme le plomb dans l'eau

(Nom fort de Kpengla, tiré de la légende qui entoure sa naissance. La tradition rapporte en effet que Yansounou (le futur Kpengla), fils de Naye Tchayi (Cai), avait été ravi à sa mère et abandonné dans un ruisseau)

Aladanu Adimulavi Sïmëkpë
O Sîmèkpë, fils d'Adimula d'Allada

(Adimula ou Ademola est un nom Yoruba de Tegbessou)

Xwenu do do xomëvi Sïmëkpë
O Sïmëkpë, fils des murs de ce palais

(Allusion aux difficultés que rencontra Kpëgla lors de son intronisation: le Migan lui aurait interdit l'accès du palais royal)

Sïmëkpë ma j'avivo
Le plomb dans l'eau ne craint pas le froid

Kudohü bo de ma du
Nul ne danse le tam-tam de la mort

Xwêda axòsu Agbamu hutò
Celui qui a tué Agbamu, roi des Xwêda

(Agbamou avait pris le trône xwêda aux dépens de son rival Yë en profitant de la mort de Tegbessou et tenta de se rebeller contre la domination d'Abomey. Kpingla écrasa ses troupes et le tua.)

Kla kpodo Jëgë kpo hutò
Celui qui a tué Kla et Jëgë (deux chefs xwêda qui étaient jumeaux.)

Abogwe më nu Sitò hutò
Celui qui a tué Sitò, chef des gens d'Abogoué (près d'Allada)

Sitò sa daxo de wulitò
Celui qui s'est emparé du grand et rusé Sitò

B'agaia dele

Exemple de courage
Dada awadonu lo adëtô
Le roi intrépide mais accessible

La prononciation est "Kpingla" mais les écritures "Kpengla" et "Kpingla" sont correctes. C'est pareil pour "Guézo". "Ghézo" et parfois "Gezo", ainsi que pour d'autres noms de rois et de personnes.

Frère de Tegbessou, Kpengla lui succéda et écrasa la révolte menée par le fils du roi Houeda de Savi Agbamou, et le fit exécuter.
Kpengla se heurta à de fortes résistances lors de ses campagnes contre les royaumes Mahi, Dassa, et Bariba.
Kpengla domina Savalou mais au nom des liens antérieurs entre les deux royaumes, il ne le fit pas détruire. Cependant il désigna leur prochain souverain et les garda dans un système de vassalité.
Kpengla se conforma aux exigences du tribut d'Oyo. La tradition orale rapporte une histoire interessante qui se déroula l'année où le prince Agonglo fut choisi comme le prince heritier devant accompagner les éléments à délivrer au roi d'Oyo, pendant le règne de Kpengla. Référez vous à la section du roi Agonglo pour en savoir plus.

Les enfants de KPENGLA

* AGONGLO
* Autres enfants

Roi AGONGLO (1789-1797)

Emblème: l'arbre de ronier et l'ananas
Devise: La foudre frappe le palmier, mais jamais le ronier.
So je de b'agon glo.

Sa devise fait allusion à la crainte de la foudre à laquelle il a échappé, ainsi qu'à tous les obstacles auxquels il a échappé avant même d'accéder au trône. Au début du règne de Agonglo, il eut à faire face aux intrigues les plus sournoises. Cette phrase aurait été prononcée à la suite d'un accident qui faillit lui coûter la vie : au cours d'une cérémonie pour Xèbioso, la foudre tomba sur le palmier au-dessous duquel se tenait le roi ; on pensa bien entendu que les prêtres de Xèbioso n'y étaient pas étrangers.

La mauvaise interprétation de l'emblème et de la devise du roi AGONGLO est une illustration de l'impact que peut avoir l'incompétence ou la mauvaise interprétation d'un artiste. Il est vrai que le ronier est beaucoup moins familier dans le Benin/Dahomey du XIXème et du XXème siècle qu'il ne l'était au XVII ème et au XIII ème siècles. Mais le nom du roi fait allusion au ronier. Le ronier est l'élément le plus important de l'emblème, en compagnie de l'ananas. Hélas dans beaucoup de livres et articles, on parle uniquement d'ananas. Cette erreur a été reconduite un peu partout par les auteurs béninois et occidentaux, en français comme en anglais, y compris par des sages comme Jean Pliya.

So je de b'agon glo. Trois essences végétales portent le nom de "agon" dans la langue fon: le coco (agon-kè), le ronier (agon-té ou agon-téglé) et l'ananas (agon-dé). Le coco est exclus de facto parce que le cocotier est connu pour sa tendance à attirer plutôt qu'à repousser la foudre, du fait de sa taille et de l'humidité de son tronc. Le ronier est connu par les populations et les anciens pour sa capacité à éloigner ou à ne pas subir la foudre. Le ronier est une plante endogène qui était connue de longue date dans le Danxomè. Le ronier est donc retenu. Qu'en est-il de l'ananas?

L'ananas appartient à la catégorie des essences végétales importées d'Amérique et n'est pas endogène au Danxomè. Mais quand est-il venu? L'ananas aurait été introduit sous le règne de Agonglo qui en fit fortement la promotion, un peut comme son fils fera bien plus tard la promotion du palmier à huile. C'est d'ailleurs pourquoi l'ananas est devenu aussi son emblème. La popularité de l'ananas, et peut être la complexité de représentation du ronier firent que certains historiens, graphistes et teinturiers commencèrent même par ignorer le ronier et à inventer des explications élaborées sur la connexion entre l'ananas et le roi.

La source la plus fiable en matière de symbole des rois du Danxomè est leur assin. A la mort du roi, les meilleurs forgerons du royaume travaillent de concert avec les sages et les dépositaires du savoir pour confectionner un assin qui matérialise l'esprit du roi. Sur cet assin figure le symbole définitif du règne du roi défunt. La photo suivante du assin de Agonglo date des années 1970s et a été imprimée par Jean Pliya. On y voit clairement les deux éléments: l'arbre de ronier et l'ananas. Cela règle définitivement le puzzle.

Photo de l'Assin du Roi Agonglo

Axosumlanmlan (panégyrique) de Agonglo

So je de b'agon glo (bis)
La foudre tombe sur le palmier, mais épargne le rönier (bis)

Axazo, zo bada
Feu de la boisson, feu étonnant

B'axa na
Boisson dangereuse

Cici li ta
Flamme crépitante

Gbowelenu Ajoyô hutò
Celui qui a tué Ajoyo de Gbowélé
(Colline du pays maxi. Cet Ajayô était allié à la famille du fameux Yaxèze (Yahasse) vaincu par Akaba)

Sïgwïdï gbatò
Celui qui a détruit Sïgwïdï (village Mahi)

Xêbêco hutò
Celui qui a tué Xëbêco (chef Mahi)

B'agala dele
Exemple de courage

Sojë de b'agôglo lö adetö
L'intrépide Agonglo est épargné par la foudre qui tombe sur le palmier

Une année, le prince Agonglo fut choisi comme le prince heritier devant accompagner le tribut d'Oyo. Or avant son départ, sa mère lui avait secrètement remis une calebasse magique. Quoique faisant partie du tribut et devenant ainsi la propriété du royaume d'Oyo, le prince était mieux traité que les esclaves et était censé devenir un citoyen d'Oyo. Il reçut donc les balafres caractéristiques des Yoruba de cette région puisqu'il n'était plus jamais censé retourner aux siens et vivait sous surveillance.

Plus tard, de retour au Danxomè, Agonglo fit confectionner un style de chapeau particulier qui cacha ses joues, empêchant ses sujets de découvrir les balafres héritées de son séjour en captivité à Oyo. Ce genre de chapeau sera popularisé bien plus tard par Gbèhanzin qui portait un modèle similaire lors de sa fameuse reddition au General Dodds et aux Français à Goho.

Pendant son règne Agonglo tenta de multiples réformes qui plurent au peuple. Il réduisit les taxes notamment ceux sur le commerce à Ouidah. Il améliora les conditions de détention des prisonniers. Il n'hésita pas à distribuer certaines de ses trop nombreuses femmes à ses meilleurs soldats pour les motiver et les récompenser.

Les troupes de Agonglo vainquirent les Mahi de Gboweto et les Ouatchis.

Agonglo sentant sa fin proche consulta le Fâ pour désigner son successeur c'est Guézo le cadet qui fut désigné. Mais il était trop jeune: ce n'est que 21 ans plus tard qu'il prit le pouvoir par la force, après le règne tumultueux de son grand-frère ADANDOZAN.

Les enfants de AGONGLO

- ROI ADANDOZAN MADOGUGU
- ROI GAKPE GUEZO
- ALAVO
- ADOUKONOU
- SINCOUTIN
- ASSOGBAOU
- TOFFA
- AHEHEHINNOU
- AHOKPE
- Autres

Photo d'un bas-relief du Adjalala de Guézo

Roi ADANDOZAN Madogugu (1797-1818)

Emblème: natte de colère

Devise: "Adandozan ma gnon fli "

la colère étale sa natte et nul ne peut la rouler. Je suis en colère contre les Yoruba et nul ne pourra m'obliger à composer avec eux.

Un bas relief lui est dédié , il représente un singe assis au ventre ballonné qui a la bouche pleine et tenant un épi de mais. Ce singe représente l'Alafin d'Oyo car Adandozan le considère comme un animal cupide qui ne peut se nourrir que des cultures des autres. La régence d'Adandozan fut importante. Il se battit contre le tribut des Yoruba d'Oyo.

Adandozan avait longtemps été rayé de la liste officielle et de l'histoire sacrée des rois du Danxomè suite aux instructions strictes et sévères de son successeur, frère et rival Gakpé (Guézo le Grand). Si récemment le travail des chercheurs et historiens a permis de ressusciter sa mémoire, Adandozan reste tabou dans les murs du Danxomè.

Adandozan était un mage aux pouvoirs surnaturels et doté d'une intelligence politique extraordinaire. C'est pour cela que même une fois détrôné, il ne fut pas mis à mort, mais reçut le privilège d'instruire les princes les plus importants du royaume. Il compta Behanzin et Goutchili au nombre de ses illustres élèves.

Il était en avance sur son temps, en comprenant très tôt que la traite des esclaves était négative pour le royaume (et pour le continent) et que certaines traditions ancestrales (comme le fait d'enterrer un souverain avec des épouses, serviteurs et biens de grande valeur) étaient barbares et devraient être abolies. Plus que ses prises de position (généralement correctes, sages et véridiques), ce sont les méthodes qu'il adopte pour convaincre les autres princes et la population, qui lui attirèrent la foudre de ses concitoyens.

Pour montrer l'aberration de la traite des noirs, il ajouta des princesses et même des reines au roster habituel de prisonniers de guerre, de condamnés et personnes capturées qu'on vendait habituellement comme esclaves. Une de ces reines qu'il vendit était la mère du futur roi Ghézo: cet acte créa l'une des plus fortes inimitiés et rivalités de l'histoire du Danxomè. Son opposition à la traite négrière créa aussi une inimitié entre lui et l'influent marchand et gouverneur portugais Francisco de Souza Chacha qui délivra Gakpé (futur Ghézo) des griffes de Adandozan et l'aida plus tard dans son coup d'Etat contre ce dernier.

Pour démontrer ses forces occultes, il entreprit une fois de deviner correctement le sexe des enfants que portaient certaines femmes enceintes. Pour vérifier la véracité de sa prédiction, il fit éventrer les mères afin d'examiner les organes génitaux des bébés, causant ainsi la mort de mères et enfants.

Il offrait parfois ses adversaires et des bandits à des hyènes affamées et regardait leur agonie quand celles ci les dévoraient vivants. Il obligeait parfois deux vieillards à se battre sérieusement avec des bâtons sous peine de mort (s'ils refusaient) et ricanait en regardant leur maladresse. Ces incidents n'ont pas plu au peuple et ont contribué à la mauvaise réputation du roi.

Si les combats à mort des gladiateurs de l'ancienne Rome et le fait de donner des prisonniers à manger aux lions et autres bêtes sauvages, faisaient partie des jeux populaires de ce berceau de la civilisation européenne, ces jeux étaient pour l'amusement sadique du peuple dans son ensemble et non du seul souverain comme dans le cas de Adandozan. Ces choses sont vraiment horribles et déplorables mais il est important de donner un contexte historique pour que le lecteur comprenne que d'autres peuples sont passés aussi par ces phases ténébreuses.

Un touriste australien me demanda une fois à New York dans un ascenseur d'où j'étais originaire. Quand je lui dis que je venais du Bénin, il demanda avec un sourire narquois si ce n'était pas le pays où on coupait la tête aux gens dans le passé. En retrospect, j'aurais dû lui demander si c'est la première question qu'il pose généralement quand il rencontre un Français ou un Espagnol. C'est bien en France qu'on guillotinait régulièrement les prisonniers politiques et les opposants au XVII ème et XVIII ème siècles. C'est en Espagne que les faits ignobles de l'inquisition se sont produits. Ces choses se passaient soit dans la même période où juste avant la période où les rois du Danxomè faisaient couper la tête à certains prisonniers. D'ailleurs ce genre de bêtises continue de se produire aujourd'hui dans des pays comme l'Arabie Saoudite, que les gouvernements des donneurs de leçon considèrent quand même comme leur allié ou partenaire important et ne critiquent pas.

Adandozan mourut en 1861, des décennies après la fin de son règne en 1818.

Les enfants de ADANDOZAN

Je n'ai pas encore d'information sur la descendance de Adandozan qui majoritairement a changé de patronyme pour éviter des représailles.

Illustration du Roi Guézo 1

Illustration du Roi Guézo 2

Photo d'un des trônes du Roi Guézo

Roi GUEZO, le Grand (1818-1858)

Gakpe Gbalangbe Zedoko Ghézo (Guézo)

Emblème: jarre trouée et buffle

Devise: Si chacun de vous, fils de cette nation, peut boucher un trou avec son doigt, la jarre retiendra l'eau. Le buffle puissant traverse le pays et rien ne peut l'arrêter ou s'opposer à lui.

"gé dé zo ma si gbé"
Malgré sa flamboyance aucun oiseau-cardinal ne peut mettre le feu à la brousse (ainsi mes ennemis sont impuissants contre moi)

"agbo do glo non zré to"
le buffle devenu puissant traverse le pays sans rencontrer d'obstacles .
je suis le buffle qui s'est préparé et traverse le pays (rien ne pourra m'arrêter)

Mural montrant le Roi Guézo

le roi Guézo au
meilleur de sa puis-
sance il y a 150 ans.

Axosumlanmlan (panégyrique) de Guézo

Axòsu gbalägbe
O roi bien visible (et chasseur renommé)

Adäzü litò Gbalägbe
O Gbalangbé qui as érigé le tumulus du courage (Ce tumulus est encore visible au quartier Bëcon-Hounli. C'est là que le roi, au retour de ses campagnes, annonçait ses victoires et prononçait les phrases qui devaient les perpétuer dans les anales historiques.)

Ayòxwan füto Gbalägbe
O Gbalangbé qui a déclenché la guerre contre Oyo (C'est Guézo qui entreprit le premier plusieurs campagnes contre le puissant royaume Yoruba d'Oyo, à qui le Dahomey versait annuellement un tribut important.)

Gbalägbe ma bu do gbexomê
O Gbalangbé qui ne te perds pas dans la brousse

Akpo wê ci gedehüsu b'ë yi xë do
C'est pour dissiper son ennui que le grand fromager solitaire appelle les oiseaux

(Le grand fromager figure parmi les emblèmes du roi.)

Kpò do gbe bò se ma gö
Quand la panthère est dans la brousse, la civette s'en abstient

(La panthère symbolise le roi, et en même temps l'ancêtre fondateur de la dynastie et du peuple Fon.)

Kpò dò se ku na gö wo
La panthère a dit qu'elle tuerait la civette au cas oü elle la découvrirait

Avo gbè nu xo bò sevola yi xo

Le chien refuse d'aboyer, c'est l'antilope qui va le faire

Bo ni axòsu-gbodo

Et tu es grand roi

Maxi Hüjroto gbatò

Celui qui a détruit le pays Mahi de Houndjro (Victoire importante commémorée par l'installation du marché principal d'Abomey: le marché de Houndjro-to.)

Anago Lefulefu gbatò

Celui qui a détruit le village Nago de Lefulefu (ou Refurefu, conquis durant la première campagne contre Abëokuta vers 1843)

Ayònu Acade hutò

Celui qui a tué Atchade d'Oyo

(Acade était le général en chef de l'armée d'Oyo.)

Acadesi Agbâlï wulitò

Celui qui s'est emparé d'Agbâlï, la femme d'Acade

B'agaia dele

Exemple de courage

Dâxomë lo azomètò lo adètò

L'intrépide qui fut à plusieurs reprises maître du Danxomè

(On veut dire que le roi Guézo fut nommé une première fois par son père Agonglo, et une deuxième fois en renversant Adandozan.)

Axòsu zekete

O roi qu'on ne peut déraciner (bis)

(C'est-à-dire qu'on ne peut renverser. Gezo était en effet très fort physiquement et passait pour un excellent guerrier. Il fut d'ailleurs chef d'etat major militaire)

Zekete ma sedo do lo xwe
Celui qu'on ne peut faire partir de chez son père

Nu kë ne kë ne ma xa do gboklemê
On trouve toutes sortes d'aliments dans la gueule du porc

Gboklemê ma je vò
La gueule du porc n'est jamais vide

Kpla kaca ma nò kple zùkò
Avec un râteau on ne peut en dégager les ordures

Ko ji adu ma le fô
Si la dent est atteinte, l'esprit ne l'est point

So kèhû ma le jokpe
La foudre n'attaque pas la pierre

(La pierre représente ici le roi.)

Loko naki ma d'axa
Le bois de l'iroko ne fait pas de bruit

Kpakpa d'axä ma fio zë
Les cris du canard ne brûlent pas la marmite

Maxi Kpo gbatò
Celui qui a détruit le village Mahi de Kpo

Kpo'xòsu Cahu hutò
Celui qui a tué Cahu, chef du village Mahi de Kpo

Canò wulitò
Celui qui s'est emparé de Cano

(Cano, Biogo, Bina_r Ajami et Kakatrika étaient des chefs Mahi.)

Biogo kpo Bina hutò
Celui qui a tué Biogo et Bina

Ajami, Kakatrika hutò

Celui qui a tué Ajami Kakatrika

B'agala dele

Exemple de courage

Aladanu Gakpe lo adëto

L'intrépide Gakpé originaire d'Allada

(Gakpé était le nom que portait Guézo avant d'être roi. Littéralement, Gakpé signifie "l'arrivée du jour fixé". Azan kpe bo Ga kpé. Le nom princier de Guézo exprimait donc une idée de revanche sur son frère Adandozan.)

Photo du Adjalala du Roi Guézo

Détail du Adjalala du Roi Guézo

Ghézo fut appelé par certains historiens, le Attila Danhoméen. Jean Pliya lui ajouta le qualificatif "Le Grand" parce qu'il était comparable à Louis XIV et à Alexandre Le Grand en majesté.

Le prince Gakpé, est exilé à Cana (Kanan) depuis l'accession de son frère Adandozan au pouvoir, et vit de chasse et de vente de gibiers. Le considérant toujours comme une menace, son frère le fait arrêter et le met sous surveillance permanente.

Grace au soutien de partisans restés à Abomey et de Chacha De Souza il parvient à s'échapper et va s'installer à Ouidah où étant protégé par le Portugal, il ne peut plus être atteint directement par le roi son frère Adandozan. Sa mère n'a pas la même chance et est vendue en esclavage par Adandozan. Plus tard quand il devint roi, Guézo fit beaucoup d'efforts pour essayer de la retrouver et de la ramener. Son épouse principale Agoyi Sindolé, la future Reine Zognidi, échappe de justesse au même sort lorsqu'elle est identifiée de justesse et rachetée avant son embarquement de Ouidah vers l'Amérique.

Agoyi s'installe alors à Ouidah aux cotés de son mari. Sous l'influence de Chacha De Souza, Agoyi et Gakpé se baptisent dans le catholicisme et célèbrent leur mariage dans la chapelle de Ouidah. Agoyi prend le prénom chrétien de Francesca. Les deux se cultivent et se documentent sur l'organisation politique et économique de la colonie du Brésil, du Portugal et d'autres nations européennes. Toutes ces informations aideront plus tard le roi Guézo dans sa gestion du royaume.

Adandozan refuse de rembourser Chacha pour ses créances commerciales et quand celui-ci arrive à Abomey pour protester, il est mis aux arrêts. Gakpé aide Chacha aussi à s'évader.

En 1818, Gakpé renverse son cruel et fantaisiste frère Adandozan et prend le nom de Guézo. Grand et fort (comme un buffle) puisqu'un jour selon la légende, il tua de ses mains un buffle sauvage qui terrorisait un village.

Le coup d'état de 1818 est une opération militaire très interessante. Adandozan quadrille bien son territoire et a des services de renseignants efficaces et aux aguets, donc il faudra beaucoup de tact et de créativité pour que l'opération soit planifiée dans la discrétion et exécutée avec succès. Divers scénarios sont étudiés et évalués. Agoyi Francesca Sindolé, l'épouse de Gakpé propose que des anciens membres du corps militaire des amazones (que Adandozan dans ses reformes hâtives avait jusque là ignoré), soient utilisés. Seules des femmes pouvaient entrer dans la capitale Abomey avec des marchandises sans attirer l'attention des gardes très affutés, en se faisant passer pour des commerçantes ou des paysannes.

Chacha fournit les armes et les provisions. Agoyi assiste les amazones dans leur déguisement et dans leur préparation. Gakpé qui connait mieux la capitale et le palais que tous, se charge des détails tactiques et militaires. L'opération est exécutée comme prévue et est un succès fulgurant sans grande effusion de sang, grâce au ralliement des ministres et généraux de Adandozan. Lorsque ceux ci comprennent ce qui est en train de se passer, fatigués par les dérives autoritaires de Adandozan, et se souvenant des volontés initiales du roi Agonglo, ils aident le nouveau roi dans son installation.

Aux manières affables et dignes la démarche aisée, de teint clair le visage marqué, le grand Guézo était un homme de guerre, diplomate, sage, protecteur des arts, et grand économiste. Sous son règne, le pays est réorganisé, ainsi que les fonctions publiques. Le royaume est divisé en provinces avec des gouverneurs répondant au Méhou (1er ministre). Les gouverneurs suivent les ordres reçus, donnent les visas d'entrées dans le royaume, prélèvent les taxes sur les marchandises diverses et l'huile de palme, dont la culture prit une envergure industrielle.

Après la traite des esclaves, les taxes sur les marchandises et l'huile de palme constituent la source principale des revenus du trésor royal. Tous les produits des plantations royales sont vendus par les négociants du roi. Guézo fait multiplier les postes douaniers et les droits et taxes sur les marchés.

Des chefs locaux rendent les comptes et s'occupent aussi de la justice locale. Ghézo attribue à ses parents des postes de suppléants aux grands dignitaires afin de garder un oeil sur leur gestion.

Les épouses royales gardent les clés des magasins du palais. Le roi donne des audiences publiques et rend la justice. L'entrée du palais était basse pour obliger les visiteurs à se courber et saluer le roi dans cette position.

Devant sa bâtisse sur la place Singbodji, il fait organiser des somptueuses cérémonies avec bien souvent de multiples sacrifices humains. Ces humains sacrifiés sont selon la tradition, les messagers du royaume vers les rois défunts et les ancêtres dans l'au-delà pour les informer de la déférence des vivants envers eux et de la bonne marche du royaume.

L'armée devient professionnelle avec des structures comparables à celles des armées européennes. Cela permet ainsi au Danxomè de rivaliser avec les armées équipées par la Grande Bretagne, comme l'armée d'Oyo. Les troupes sont équipé de lances, de sabres, de fusils et de canons. Des manoeuvres militaires et exercices physiques se font régulièrement.

Ghézo organise les amazones en troupe régulière avec l'assistance de la Reine ZOGNIDI, son épouse. Elles ont un uniforme, elles sont utilisées surtout pour les assauts (comme par exemple à Abéokouta où elles s'illustrèrent particulièrement). Elles étaient commandées par leurs propres chefs, capitaines et autres.

L'histoire reconnait à sa juste valeur les prouesses du roi GUEZO dans le domaine de la production agricole et de la transformation alimentaire. Le stratège qui planifia et supervisa l'exécution de la politique agricole du Danxomè pendant les glorieuses années de GUEZO n'était autre que notre ancêtre, le ministre de l'agriculture et du commerce KOUDANOU TOKPO.

Une économie moderne se développe. On note l'augmentation de la culture du palmier à huile , avec des règles strictes. TOKPO, ministre de l'agriculture doit les faire respecter et ainsi faire couper la tête à tout ceux qui abattraient un palmier à huile sans autorisation. A la naissance d'un enfant on plante un Palmier. Le cocotier, le tabac , et les cultures vivrières sont développées. Après la grande Famine de 1848, Ghézo fait planter des éléments importés du brésil comme le manioc, le mais tendre, le bananier, l'arachide, le gombo, la tomate et l'oranger. Le rois et ses intendants généraux surveillent toutes ces plantations. L'industrie fait son apparition avec la fonte et le travail du cuivre. Il encourage de développement textile.

La traite des esclaves diminuant vers le milieu du XIXème, il faut fournir à l'Europe en pleine industrialisation de la matière première dont l'huile de palme. Esclaves et huile de palme contre bimbeloteries, perles de verres bracelet en cuivre, colliers, mouchoirs, étoffes, barils de poudres, armes, liqueurs et autres.

En 1851 Ghézo est le 1er roi du Danxomè à faire un acte international de souverain moderne: il signe un traité d'amitié et de commerce avec le Président de la deuxième république Française, contre une redevance qui accorde sa protection aux Français.

En 1823, il attaqua les Yorubas et libera le royaume du tribut habituellement payé depuis 1732 (la dernière décennie du règne de Agadja, soit pendant 91 ans au total) au royaume d'Oyo. Chaque année, le Danxomè devait envoyer quarante et un hommes dont au moins un prince heritier, quarante et une femmes, quarante et un boeufs, quarante et un fusils, ainsi de suite, une longue liste de choses en quantité de quarante et un.

Revigoré par sa victoire sur Oyo, il entreprend de conquérir tous les autres royaumes Yorubas de l'actuel Nigeria. Régulièrement des razzias s'organisent contre Gbadagry avec succès. Mais son échec militaire devant Abéokuta assombrit la fin de son règne.

Lors d'un retour de campagne contre les Egba, près de Kétou à Ekpo, il est blessé par une flèche empoisonnée tirée par un jeune homme qui prit la fuite. Cette blessure sera fatale.

Liste des enfants de GUEZO

- ROI BADOHOUN GBINGNI KINIKINI Glèlè
- HEGLABE
- ALINWANOU
- FIOGBE
- NAN GBELI-TON
- GUEZODJE
- KEDIFI
- YAMONGBE AGBOBADJI
- AZINFAN
- AHOSSIN
- ADJAGBONISSI
- NOUDAYI
- DAKO
- HOUDOHOUE
- NAGNI
- Autres enfants

Origine des noms de AGBANGNIZOUN et AHINADJE

AGBANGNIZOUN = AGBANLIN ZOUN = la brousse aux antilopes où le roi GUEZO faisait la chasse

AHINADJE = NOUN ASSE HO E DO N'DE O, AHI NAWA DJE DO FI = "Si tu acceptes mes avances, ta descendance sera si nombreuse que ce lieu sera comme une place de marché." Le roi GUEZO fit cette déclaration à une ravissante demoiselle issue de la maison de FOLI qu'il rencontra. AHINADJE devint non seulement le surnom de la dame mais aussi du lieu.

De Agadja à Ghézo la politique était de consolider le territoire acquis par Agadja, se libérer du tribut imposé par le roi de Oyo, et enrichir le pays par la capture de prisonniers pour le travail dans les plantations royales et la ventes d'esclaves.

Les rois Tégbessou, Kpengla, Agonglo et Adandozan tentent de résister aux Yorouba d'Oyo, mais c'est Guézo qui vint à bout d'eux.

Note d'un visteur à la cour de Ghézo.

Nous nous avançons vers lui chapeau bas; il se lève fait quelques pas au devant de nous, nous aborde , et après nous avoir successivement serré la main à la mode européenne, il nous invite a nous asseoir dans des fauteuils rangés devant son trône. L'aspect de l'assemblée avait réellement quelque chose d'imposant.

A la droite du roi se tenaient 600 femmes de sa garde rapprochée accroupies à la turque sur des tapis dans une parfaite immobilité, le fusil entre les jambes. Derrière elles une ligne plus sombre les chasseresses d'éléphants, vêtues d'étoffes brunes et armées de longues carabines au canon noirci.

A sa gauche les femmes du sérail à peu près deux cents, les unes à peine adolescentes, les autres dans tout l'éclat et le développement de la beauté noire, quelques unes déjà d'un certain âge , mais couvertes toutes de riches étoffes de soie.

Debout derrière le fauteuil royal, trois ou quatre favorites ainsi que la générale en chef des amazones. Devant le roi sur les marches de l'estrade où l'on avait placé son fauteuil, se tenaient à genoux son fils et les principaux ministres.

Sur une table dressée entre lui et nous , on servit des rafraîchissements contenus dans des flacons de cristal et une riche cave à liqueurs de provenance européenne .

Fin de citation

Roi Glèlè Kinikini (1858-1889)

Badohoun Gbingni Ahogla Togodo Bassagla Delele

Emblème: lion

Devise: Le lionceau commence à semer la terreur parmi ses ennemis dès que ses dents ont poussé.

Nul être ne peut soulever, la Terre ou un champ (ainsi suis-je déracinable)

Photo du Adjalala du Roi Glèlè (après restauration)

Le Roi Glèlè

Axosumlanmlan (panégyrique) de Glèlè

Axòsu Glêlë
O roi Glêlë

Dâxomè'xòsu Gêlêlè
O Glêlè, roi du Dahomey

As'vii e adatò Gêlêlè ma no ze
O toi maître courageux Glêlë que l'on ne peut soulever

E na ze b'è glo
Il est impossible de te soulever

E kple na zi dodo b'è glo
C'est en vain qu'on se réunirait pour t'abattre sûrement

E do mi na xo b'adida
C'est pourquoi nous te porterons tous ensemble

Xë ma xo agbo'tà b'è glo
L'oiseau ne se dispute pas avec le buffle enragé, c'est impossible

Agovèsuvi Gêlêlè b'è glo
(Avec) Glêlê, fils de celui qui est comme le rônier invincible, c'est impossible

Na ce gbo bo ci Gêlêlè
Ce serait (risquer) une grande déconvenue que (de vouloir) importuner Glêlë

Anago Dumê gbatò
Celui qui a conquis le village nago de Doumé

Niekàtaku hutò
Celui qui a tué Niekàtaku (chef du village de Doumé)

Axòsu kololo
O très grand roi

We dede kololo ma nò miâ

Qu'on ne peut aborder sans risques (bis)

Goni, goni, ni mo nò bë

Le boeuf est si gros qu'il ne peut se cacher

Anago Dumè gbatò

Celui qui a conquis le village de Doumé

Niekàtaku hutò

Celui qui a tué Niekàtaku

Axòsu kololo

0 très grand roi

N'xòmla we lade

Je te loue ô roi

N'xòmlà we as'wi e

Je te loue ô toi qui es mon maître

Axosu Gèlele

O roi Glële

As'vii e adatò Gëlëlè ma fio ze

O toi maître, courageux Glëlê que l'on ne peut soulever

E na ze b'ë glo

Il est impossible de te soulever

E kple na zï dodo b'ê glo

C'est en vain qu'on se réunirait pour t'abattre

E do mi na xo b'adida

C'est pourquoi nous te porterons tous ensemble

Axòsu Jezo

O roi Jèzo

(Jèzo = Perle rare qui triomphe sur l'épreuve du feu. C'est une allusion au surnom de sa maman "Jè nana xo zognidi" et à son propre triomphe sur le feu déjà quand il était bébé et qu'une marâtre essaya de l'assassiner dans un incendie, et après sa prise de pouvoir quand son palais fut incendié par des descendants aigris de Adandozan)

Dâxomê'xosu Jèzo

O Jëzo, roi du Danxomè

As'wi e adatò Jêzo mò nò ci wë

O toi maître, courageux Jêzo qu'on ne peut éteindre

Anago Dumë gbatò

Celui qui a détruit les Nago de Doumé

Niekàtaku hutò

Celui qui a tué Niekàtaku

Axòsu kololo

O très grand roi

We dede kololo ma no mia

Qu'on ne peut aborder sans risques

Goni, goni, ni mo no bè

Le boeuf est si gros qu'il ne peut se cacher

Akata'xòsu azua

O roi qui es monté sur le tertre d'Akata (Ce tertre se trouve entre le Mono et Allada au bord du Tchi)

Tri so gbatò

Celui qui a conquis de nombreuses collines (Les collines du pays Mahi)

Baba tri nätö

Celui qui a chassé de nombreux chefs

Sonu wulitò

Celui qui s'est emparé de Sonu (un chef Mahi)

Sosi da nu Aladanu Gakpeto

Et voué sa femme au Gakpe d'Allada

(C'est-à-dire qu'il l'a sacrifiée en l'honneur de son père, le roi Guézo)

Aladanu Baduze

Baduze, descendant d'Allada

(Avant de devenir roi, Glèlè portait le nom de Badohoun (qu'on abbrévie comme Badou ou Badu))

Baduze'bo

Louanges à Baduze

Nu wa atï bò kä ma ko

Quand l'arbre est dans le pétrin, la liane ne s'en moque pas (S'il arrive malheur au roi, tous ses ennemis périront, car c'est le roi lui-même qui les fait vivre.)

Agbo lì mèsu mêto kli kpezo

L'ordre a été rétabli dans le pays

So je gbe bò Blu jo kö

S'il a raté son coup, le guerrier trépigne

Gälinu ma ku trò tu

Il en restera assez pour charger le fusil

N'xömlä we lade

Je te loue ô roi

N'xòmla we as'wi e

Je te loue ô toi qui es mon maître

Axòsu Gèlele

O roi Glëlê

Anago Dumë gbatò

Celui qui a détruit le village nago de Doumé

Niekataku hutò

Celui qui a tué Niekataku

Caga gbatò

Détruisit la ville Yoruba d'Ishaga pour venger Ghezo

Caga'xòsu Bakoko hutò

Celui qui a tué Bakoko, roi d'Ishaga

B'agala dele

Exemple de courage

Gbetïsa Jëgbeto lo adëto

L'intrépide auquel on a dédié le tertre de Djègbë

(Du temps où il était encore prince, Glèlè résidait au quartier Djègbë. C'est là qu'on lui avait bâti un palais comme l'exigeait la coutume. On y voit encore le tertre élevé par Guézo en l'honneur des faits de chasse de son fils, le prince Badohûn.)

Le fait que la reine ZOGNIDI ait traversé diverses adversités et l'exil avec son mari le roi GUEZO, ne l'épargna pas des machinations de palais une fois qu'ils avaient reconquis le pouvoir à Abomey.

Glèlè accepta de céder Cotonou aux Français par un traité signé le 19 Mai 1868. Mais on ne saura jamais si les interprètes lui ont bien expliqué le contenu du traité sur lequel il signait. Deux décennies plus tard, son fils Gbèhanzin dénonça ce traité sans que la France ne le prenne au sérieux.

Glèlè meurt en 1889 laissant une descendance innombrable, juste comme il avait promis: une descendance si importante que plus rien ne se fera au Danxomè sans leur implication.

Liste des enfants de Glèlè, adultes mâles et vivants au moment du décès de leur père en 1889

1. ABIDO
2. ADJAHA-FINGBE
3. ADJAHO
4. ADJATOUN
5. AGAYA-AVOKAN
6. AGBIDINOUKOUN
7. AGBOHO-BESSOUGLA
8. AGOSSAVI
9. AHANHANZO
10. AHI-FIYOGBETON
11. AHO-DOBA
12. AHO-TANGANTEVE
13. AHOVO
14. AIGBAGBA
15. AINONKPO
16. AIWENONSE
17. AKOUTOUSSI
18. AKPADO
19. AKPANIAKOU
20. AKPOKPO
21. ASSOGBA-GANHA
22. ASSOGBA-HOUNTO
23. ASSOGBA-KINON
24. ATIGBEKAN
25. AVALIGBE-DJAMY
26. AVALIGBE-HANGANSOU
27. AZEHOUNGBO
28. AZONMADAGBE
29. BAI
30. BINON-YI
31. BOSSOU-GNIGLAKPON
32. BOSSOU-VI
33. DADAGLO
34. DAH-NONGBE
35. DAH-GBETO
36. DAKO-AHEHEHINNOUTON
37. DAKO-AKOTE
38. DAKO-CHOCOLAT
39. DAKO-KPELELI ZADO
40. DAKO-MEWAN
41. DAKOHOUIN-DJASSOU
42. DAKOSSI-LAN
43. DEGAN
44. DESSOU
45. DJIDAGBAGBA
46. DJISSONON
47. DJOFOUNOU
48. DJOKODJE
49. DOHIN-SIN
50. DOHOUNBIDJI
51. DOKOGUI-YIN
52. DOSSOU-CONFITURE
53. DOSSOU-DJOKPEZE

54. DOSSOU-HLAGBA
55. DOTE-GA
56. EGBO
57. FAGBADJI
58. FINGBE
59. GANGBLA-HIN
60. **Gbèhanzin-AIJRE KONDO (Roi BEHANZIN)**
61. GBEMAVLEKPO
62. GBLANGBE
63. GBOHAIDA ZINDEHA
64. GLEDJE
65. GOUNYSOZAN
66. **GOUTCHILI (Roi AGOLI-AGBO)**
67. GUEZO-WEZON
68. HLIHO-AKODO
69. HOUEDOKOHO
70. HOUESSOU-WATRA
71. HOUNSEDO
72. HOUNTIN-TOGBAN
73. KAKAI
74. KESSI
75. KODJADOU
76. KPAKATCHA
77. KPADJAGLA-ZADOTON
78. KPADJAGLA-VOU
79. KPAKPASSOU
80. KPANNA-AGBAHOUNDO
81. KPEDJEKOU
82. KPELI (KPELELI)

83. KPOGBOZAN
84. KPOGLA
85. KPOKPODO-KPOSSOU
86. KPOZINHOUE
87. LANDEDO-ADJAGLE
88. LANGANFIN
89. LEHOUNKON
90. MEHOUSSI
91. MELE (TOKPA-MELE)
92. MIGANSI
93. NAOUFOU
94. NOUBIGBE
95. OUANITO-ZINHA
96. SAGBADJOU
97. SASSE-KPAKPALOULOU
98. SESSOU-DAN
99. SESSOU-GOUGBE
100. SESSOU-NOUDO
101. SINDOGBE
102. SOFFOUN
103. SOGLO
104. TCHANKPANAN
105. TCHIKITIMI-BOSSOU
106. TOHA
107. TOKPA-DOLAKAN
108. TOKPA-HLOWANSOU
109. TOMANAGA
110. TONONDJI
111. TOSSA-DJOKODJE
112. TOSSI
113. TOSSOU-AGANSA

114.TOSSOU-VOHE

115.TOYE-OU

116.VIGNIGBE

117.WEKELIVO

118.YADICLE

119.YEDONOU

120.YETINKPETO

121.ZODEHOUGAN

122.ZOTON-BOBO

Je continue de compléter celle liste non exhaustive car les filles de Glèlè et certains enfants décédés avant le roi ne sont pas inclus.

Soldat du Danxomè vs Soldat d'Oyo

Lettre de Glélé à Dom Louis 1er, Roi du Portugal

Palais de Sicamè, le 16 Juillet 1887

En ce qui concerne le protectorat : lorsqu'en Août 1885 Juliao F. de Souza et Dr Meyrelles Leite sont venus ici, j'étais à la guerre et j'ai envoyé mon fils Coundo, Prince héritier de mon trône, parler à Juliao afin de traiter avec les Portugais pour qu'ils viennent commercer à Ajuda, en échange de travailleurs rachetés par les colons ; et en juillet 1886, le Major Antonio D. da Silva Curado étant venu en mission, je l'ai entretenu de la même affaire des négociants, et le traité fait par Juliao et Meyrelles n'est jamais venu à ma connaissance si ce n'est il y a peu de temps. Ce sont là des choses que je n'ai jamais ordonnées et mes Ministres n'en n'ont pas non plus eu connaissance, pas plus que les cabeceiros qui sont à Ajuda. Cela fut arrangé entre les deux et quelques autres personnes.

Ajuda ayant été jadis le premier port de commerce portugais, j'ai demandé que Votre Majesté s'entendît avec les nations française, anglaise et espagnole pour y venir commercer comme elles le faisaient dans le temps. Juliao n'aimant pas que mon amitié envers Votre Majesté continuât. En disant que ce fut mon ordre que le protectorat a été établi, c'est entièrement faux, car rien n'est arrivé à ma connaissance. Je ne donne mes terres à aucune nation, pas même la valeur d'une cuillerée mais je désire que les amis y fassent le commerce.

Juliao de Souza a fait des choses qu'on ne fait dans aucune partie du monde, et pour cela, Dieu l'a puni de ses méchancetés. Il est arrivé au point d'empoisonner les siens tels que Domingos F. de Souza, Gratta F. de Souza, Sabina de Souza, Reminda de

Souza et Janna de Souza. Ces pauvres gens sont morts empoisonnés en deux ans.

Juliao de Souza me devait la somme de 38.100 pezos pour des travailleurs qu'il avait été chargé de faire racheter par les colons portugais et à la fin, il me disait que les Portugais ne l'avaient pas payé et qu'ils n'étaient pas une bonne nation. Mais en apprenant les mensonges et sachant comment il avait employé cet argent dans les affaires après avoir donné une partie à son fils Germano de Souza pour les mêmes buts, en étudiant, j'ai bien vu que Juliao de Souza désirait voir naître une inimitié entre Votre Majesté et moi, mais c'est ce qui n'arrivera jamais.

Le monde a été fait ainsi. Les blancs ont leurs rois et moi je suis le Roi des Africains. Il est bien que Votre Majesté s'oppose à ce que les Blancs viennent s'emparer des terres des Africains. Si les Européennes continuent de la sorte, les Africains sauront bientôt fabriquer de l'eau-de-vie, des tissus, du genièvre, de la verroterie et autres articles qu'ils transporteront là où les Européennes vendent leurs marchandises.

Il vaut mieux que chaque nation gouverne ses terres, les Blancs dans les leurs avec leurs rois et moi, Roi du Dahomey, avec les miennes. Les blancs ont pris les terres des nègres, mais ceux-ci ne peuvent faire de même.

Je remercie Votre Majesté d'avoir envoyé dans mon royaume afin de vérifier la vérité de protectorat que Juliao et le Dr. Meyrelles ont fait sans avoir mes ordres.

Signé : par ordre du ROI GLÉLÉ par Antonio F. de Souza Interprète, Candido J. Rodriguez

Roi Kondo GBÈHANZIN (1889-1894)

Ahokponou - Kondo - Chadakogoundo - Gbè hin azin bo ayi djre (Behanzin) - Amountchiongbedji

Emblème: requin et Oeuf

Devise: La Nature tient l'Oeuf mystique que la Terre loue et proclame. Je suis le roi des requins. Je n'abandonnerai pas un pouce de mon royaume. Le requin est dans la barre de mer. Il attend que les chaloupes chavirent. (Envahisseurs craignez moi!)

Naissance: 1845 ou 1844 (Abomey, Benin)

Décès: 1906 (Blida, Algerie)

Apres son décès, il fut incinéré et ses cendres furent inhumées en Algérie avant d'être exhumées et convoyées vers le Dahomey des décennies plus tard.

Gbè hin Azin bo Ayi djrè

La traduction populaire "Le monde tient l'oeuf que la terre désire." est erronée. La proposition du Suisse Claude Savary "Le monde tient l'oeuf que la terre mesure." est une amélioration sur la précédente mais elle tombe dans le piège de la traduction mot à mot qui est inappropriée ici.

Un panneau positionné devant le palais de Behanzin à Djimè à Abomey, indique: "le germe de toute manifestation de la terre". Cette définition saisit la profondeur et le symbolisme du nom mais elle est un peu trop brève et contractée pour que tout le monde puisse comprendre.

"Gbè" signifie ici "La Nature".

"hin" signifie ici "tenir"

'Azin" signifie ici "Oeuf" et plus précisément "l'Oeuf cosmique" c'est à dire "le germe de toutes les manifestations de la vie"

"bo" avec pour "o" un son similaire au mot "école" est une conjonction qui connecte les deux parties de la phrase et signifie "et" ou "que"

"Ayi" signifie ici la "Terre" ou "le monde" c'est à dire l'ensemble des êtres vivants (humains, animaux et végétaux) comme le détaille le panégyrique du roi.

"drjè" signifie ici "proclamer" et "louer les mérites de"

La Nature tient l'Oeuf mystique (le germe de toutes les manifestations de la vie) et la Terre le loue et le proclame.

C'est cet Oeuf qui fait l'objet de louange et d'adoration. La Nature se manifeste spontanément mais il y a un Principe Actif qui lui insuffle la Vie. Ce Principe Actif dans d'autres civilisations est appelé l'Esprit. Chez les Chrétiens c'est le Souffle Divin. Chez les Astrophysiciens comme Einstein et Tyson, c'est l'Energie. Pour Behanzin, c'est l'Oeuf. Et dans sa toute puissance (à tort ou à raison), il se considérait lui-même comme étant cet Oeuf ou son seul représentant sur la Terre en ce moment précis (pas juste dans le Danxomè, mais dans le monde entier, y compris sur les mers et au delà des mers).

Axosumlanmlan (panégyrique) de Behanzin

Axòsu Gbèxàzì

O roi Gbèhanzin

Gbê wê hin azin bo ayi jrë

La Nature tient l'Oeuf mystique que la Terre proclame

Atin e jò do ayi o ji le

Les arbres qui poussent sur la terre

Hwi ai wê jrè

C'est toi qu'ils proclament

Kan e jò do ayi o ji le

Les lianes qui poussent sur cette terre

Hwi ai wê jrë

C'est toi qu'elles proclament

Vodü e do ayi o ji le

Les vodun qui sont sur cette terre

Hwi ai wê jrè

C'est toi qu'ils proclament

Gbètò e jò do ayi o ji le

Les hommes qui sont sur cette terre

Hwi ai wè jrë

C'est tol qu'ils proclament

Gbè wê xe azï bo ayi jrê

La Nature tient l'Oeuf mystique que la Terre proclame

Axòsu aja gidigidi

O toi vaillant souverain Adja (Behanzin a une filiation et des origines Adja)

Gbohwele fo adàn bò agbeji non lo

Lorsque le requin se met en colère, l'océan devient invivable et se calme.

(Lorsque le requin se met en colère, tous les autres animaux disparaissent et l'océan se calme: Gbogbowele dje adan hou min gble)

Hwi ai Sogwe gbatò

Toi qui as détruit Sogwe

("Sogwe" serait un village Ouatchi. "Asogwe" est aussi une variété de calebasse effilée, donc la phrase peut avoir un autre sens mystique plus profond.)

E ni axòsu di xa

Këinglo, aman da ma glo hwèdo

Les ennemis seront châtiés comme des feuilles qu'on découpe

Axòsu aviti gbajagbaja

O roi qui est puissant comme un grand piège

Aviti gbajagbaja nò so lan do xumë

Un piège puissant qui attrape les proies dans l'océan

Cacalua gbatò

Celui qui a vaincu Cacalua (chef Nago)

Ada wuli gbètò

So je de bo' agön glo

La foudre tombe sur le palmier, mais épargne le rônier

(Agôglo était le jòtò ou ancêtre protecteur de Gbèhanzin)

Gbêxazï bo ai jrè

La Nature tient l'Oeuf mystique que la Terre proclame

Hwi ai Sogwe gbatò

Toi qui as détruit Sogwe

Sogwe'xòsu Dega hutò

Celui qui a tué Degâ, roi de Sogwe

Dokome, Dàngbo gbatò

Celui qui a détruit Dokomé et Dangbo

(Deux villages sur le fleuve Ouémé près de Porto-Novo. Les incursions du roi d'Abomey dans cette région servirent de prétexte aux Français pour le déclenchement de la guerre entre le Dahomey et la France, puisque ces territoires seraient couverts par le protectorat de la France sur Porto-Novo.)

Këinglo, aman da ma glo hwêdo

Les ennemis, on va les châtier en les découpant comme des feuilles

Ekpë Agbo hutò

Celui qui a tué Ekpë Agbo (un jeune qui disait être plus puissant qu'un buffle.)

B'agala dele

Exemple de courage

Dada Sonigala lo adëtô

L'intrépide roi Sonigala (nom symbolique du roi Gbèhanzin qui le compare à une grande colline)

Initialement appelé Ahokponou, il devint Kondo le requin avant d'être populairement connu sous le nom de Gbèhanzin Aijrè, que les français transformeront en Béhanzin. Il donna plus de fil à retordre au colon Français que n'importe quel autre résistant africain, devenant ainsi l'icône de tout un continent pendant des générations.

Né en 1845 (ou fin 1844), Kondo devient en 1875 Vidaho (prince héritier choisi par son père le roi Glèlè), et accède au trône vers la fin de 1889. Il est couronné roi le 6 janvier 1890 sous le nom fort de Gbèhanzin Aïdjrè.

Gbèhanzin consacra la courte durée de son règne (1889 à 1894) à renforcer la puissance de son armée, et à développer le commerce, l'architecture et les arts. "Un pays n'est grand que s'il est libre, je ne céderai jamais une parcelle de la terre de mes ancêtres", disait-il. La ville de Cotonou était le principal point de conflit entre la France et le Danxomè. La situation se dégrada lorsque la France bâtit un wharf à Cotonou en 1891 pour faciliter les débarquements de ses navires. Gbèhanzin refusa d'accorder à la France le droit d'occupation et d'utilisation libre de la ville de Cotonou, en violation d'un accord antérieur conclu avec Glèlè. En réponse la marine française attaque le Dahomey en bombardant les côtes de Cotonou, une grande partie des habitants est massacrée.

Fidèle à son idéal de négocier d'abord avant de se battre, le roi Gbèhanzin utilisa tous les moyens possibles pour éviter la guerre. Il envoya même en 1893 à Paris en France une mission officielle de négociation qui fut ignorée non seulement par le President Sadi Carnot mais par l'ensemble du gouvernement français. Il envoya aussi plusieurs lettres. Mais tous ces efforts ne permirent pas d'éviter la guerre.

L'armée du Danxomè était bien organisée et se bâtit avec courage et bravoure. Le roi était toujours présent sur le terrain aux côté de ses troupes et était un fin stratège difficile à vaincre. Lorsque les combats devinrent trop meurtriers pour son armée il replia et adopta une stratégie de résistance à partir du maquis. Les armées révolutionnaires modernes adopteront des techniques similaires de guérilla au vingtième siècle. Il résista plusieurs mois sans jamais être pris malgré les moyens considérables et les méthodes extrêmes déployés par l'adversaire. Au finish, le Général Dodds utilisa la ruse et la trahison pour le faire sortir du maquis, en lui promettant de le conduire chez le President en France.

Pendant le maquis, la mère du Roi Gbèhanzin, qu'il aimait beaucoup et qui était déjà vieille, se suicida (avec des paroles incantatoires et/ou un breuvage spécial) sur suggestion de son fils, parce qu'elle était fatiguée de courir dans la brousse avec son fils et de peur que les Français ne l'humilient et la tuent si elle retournait dans les palais. Il vaut mieux mourir dans la dignité que de vivre dans la honte ou l'opprobre. Certaines versions (moins fiables) suggèrent qu'il l'aurait tuée lui même, mais cela est invraisemblable. La préoccupation de Gbèhanzin était d'éviter qu'elle ne soit capturée par les Français, et de pouvoir lui faire des funérailles honorables et tous les rituels qui garantissent le repos et un séjour glorieux dans l'au-delà. Il fit cela et enterra sa mère dans le bourg qui est devenu Nontche-digbe puis Nontcherigbe et actuellement Atcherigbe.

Gbèhanzin quitte Abomey pour rejoindre Cotonou le 28 Janvier 1894. Il embarque de Cotonou le 11 Février 1894. Il arrive en Martinique au Fort Tartenson le 30 mars 1894, Gbèhanzin quitte la Martinique en 1906 et meurt quelques mois plus tard en Algérie, le 10 Décembre 1906. Il est enterré au cimetière Saint-Eugène d'Alger. Sa dépouille (cendres) retourna au Dahomey en 1928 (22 ans plus tard). Même dans l'au-delà il donnait encore une peur bleue aux colons.

La cour d'exile de Gbéhanzin comprenait: 4 de ses épouses (Etiomi, Senoncon, Menousoue, Dononcoue), ses 3 filles (Mecougnon, Kpotassi, Agbopanou), son jeune fils Ouanilo qui avait 7 ans, son secrétaire Adandedjan (un parent), un interprète Pierre Fanon et Falegue (épouse de Pierre).

Marie-Francois Sadi Carnot, le président français que Behanzin souhaitait rencontrer avant d'être exilé en Martinique, naquit en 1837 et prit le pouvoir en 1887 en France âgé de 50 ans. Lorsque Behanzin compris la ruse du General Dodds et se rendit compte qu'il n'allait pas être conduit vers le chef des Français, il les maudit et prophétisa à leur sujet. Bizarrement ou par simple coïncidence, le 24 juin 1894, quelques mois plus tard, Sadi Carnot fut assassiné par l'anarchiste italien Caserio.

Loin de sa terre natale, sur laquelle toisait déjà le drapeau français, Behanzin venait symboliquement de vaincre le "roi" des envahisseurs blancs.

Liste des enfants de GBÈHANZIN

- OUANILO (WANILO) ARISTIDE ARINI
- KPOTASSI (NAN MITON)
- MECOUGNON
- AGBOKPANOU (ABOPANOU) NAN DOHOUETON
- AWAGBE
- NAN ADJAYIWO
- Autres enfants

Gbèhanzin et sa suite en Martinique en 1895

Gbèhanzin et sa suite en Algerie en 1905

Algérie. — Behanzin ex-roi du Dahomey sa famille et sa suite

Première Lettre de Béhanzin
au Président de la République Française

Le 17 Avril 1890

Au mois de novembre 1889, Jean Bayol, représentant de la République Française, Gouverneur de Porto-Novo, est venu de la capitale du Dahomey pour faire un contrat (une convention) touchant la question de Cutona (Cotonou) et quand pour la première fois, nous avons causé ensemble, le même Jean Bayol m'a raconté que les deux contrats qui se trouvaient au pouvoir de la France avaient été reconnus comme entachés de fourberie, et cela même par les interprètes et que le Roi Gilli (Glélé) demandait seulement qu'on laissât faire là le débarquement des marchandises et de toutes les choses pour qu'elles suivissent leur route jusqu'à Porto-Novo en payant les droits de douanes anciens.

Mon père a accepté et le même Jean Bayol m'a laissé un contrat à cet effet, et, sur ces entrefaites mon père s'est retrouvé indisposé et le même Jean Bayol s'est alité ; et ne pouvant plus arriver à aucun contrat et voyant que les ennuis continuaient à être grands, je fus contraint de renvoyer Jean Bayol qui a été fort bien reçu par mon père. Il fut envoyé le 28 Décembre et le 30 du même mois mon père Glélé est décédé. Je suis monté sur le trône le 1er Janvier 1890 et Jean Bayol eut un présent d'étoffes que mon père lui fit à lui ainsi que pour Votre Excellence. Et le 17 Février de la présente année j'ai reçu avis, par lettre, que les négociants français d'Ajuda s'étaient établis dans la maison Cypriano Fabre de Marcesla (Marseille) brisant un grand nombre de bouteilles contenant des boissons, des bouteilles vides pour se fortifier et ayant des armes chargées.

Ayant appris cela, j'envoyai immédiatement mes autorités qui se trouvaient avec moi dans la capitale, pour se rendre compte du fait. Et le jour même où elles arrivèrent à Ajuda, savoir, le 21 Février, Jean Bayol fit bombarder Cutona (Cotonou) sans me donner aucun avis, tuant le petit nombre de gens qui se trouvaient là en y mettant le feu, emprisonnant les autorités et les envoyant à Porto-Novo pour les faire livrer à mon ennemi le roi Toffa. Dans l'acte du bombardement, il a été échangé des coups de feu de part et d'autre ; et le troisième jour il a été fait une guerre de nuit et de part et d'autre on a perdu du monde, sans que j'eusse été informé. Je m'étonne fort que la France qui est une nation très ancienne amie des Rois de Dahomey, et cela depuis nombre d'années jusqu'à ce jour, quand il n'y a pas d'autre commerce dans mes ports que le commerce français, ait fait une telle chose sans m'avertir. Sur ces entrefaites, j'ai capturé huit Européens et j'attendrai que Jean Bayol ait élargi mes autorités pour mettre également en liberté les prisonniers, et même, pour ce qui est de les maltraiter, bien que comme négociants, ils n'eussent pas dû se mêler de politique et d'affaires de guerre, attendu qu'ils ne sont pas soldats, j'attendrai que Votre Excellence justifie cette façon d'agir de Jean Bayol vis-à-vis de moi.

J'ai reçu de ce dernier les présents que Votre Excellence m'a envoyés au nom du gouvernement français, seulement je regrette qu'étant antique ami de la France on ne m'ait pas transmis de sentiments de condoléance en ce qui regarde la perte de mon père, vu que les autres nations européennes l'ont fait. Comme les négociants d'Adjuda ont mal agi, je les ai faits prisonniers ; j'ai ordonné de fermer les factoreries et j'ai fait mettre aux cheiks leurs employés qui actuellement se trouvent dans les mêmes maisons, seulement les arrikote, Godony et Abome caraiz se sont enfuis à Cutona (Cotonou) avant ladite affaire. J'ai donné des ordres et j'ai placé des gardes pour qu'il ne soit rien dérobé dans les factoreries. Les différends avec les officiers français sont très nombreux et se sont produits à maintes reprises et Votre Excellence n'a encore pris aucune mesure à cet égard.

Que Dieu garde les jours de Votre Excellence durant nombre d'années. S.M. le Roi de Dahomey

Canon allemand utilisé par l'armée de Gbèhanzin

Seconde Lettre de Béhanzin
au Président de la République Française

Cana Goumé, le 30 Avril 1890 2 heures du matin

Monsieur le Président,

Notre amitié pour la France a toujours été très grande et tous les jours nous donnons de nouvelles preuves en traitant de notre mieux et comblant de présents les Européens qui sont en notre pouvoir. C'est M. Jean Bayol qui a fait la guerre de Cotonou, poussé par le Roi Toffa ; ce n'est pas la France notre amie. Toffa est le Roi de Porto-Novo à cause de nous. Son peuple ne voulait pas l'accepter et c'est sur notre message qu'il est monté sur le trône. Pourquoi se déclare-t-il notre ennemi sans motif ? Il est très heureux et satisfait de la mort de notre père et a poussé à cette occasion M. Bayol à nous faire la guerre.

Oueffin voulait faire la guerre à Toffa. Nous avons battu ce pays et tous les prisonniers de Porto-Novo que nous avons rencontrés, nous les avons rendus à Toffa et cependant il a été mécontent de cette guerre, donnant de faux prétextes et mensonges que nous ne lui avons pas rendu tous ses gens.

Maintenant pourquoi cette guerre de Cotonou sans motif aucun ? M. Bayol a appelé nos autorités à la factorerie, les a enfermés et après a lancé ses soldats pour massacrer tout le peuple : les petits enfants, les femmes enceintes ont été également massacrés et nous n'avons pas été prévenus de cette guerre.

Au Dahomey nous avons traité M. Bayol comme le représentant de la France ; nous l'avons comblé de cadeaux et l'avons chargé de présents pour vous-même, Monsieur le Président. Nous ignorons encore si on vous les a fait parvenir.

Notre désir est que vous ayez la bonté d'envoyer près de nous un officier de votre maison pour traiter les questions de litige.

Quant à Cotonou jamais mon père ne l'a donné et jamais nous ne céderons. Cela nous est impossible, car si nous le faisons ce serait un grave préjudice pour nous et le tonnerre écraserait quiconque voudrait demeurer sur ce territoire.

Dans huit jours au plus tard, les otages seront à Whydah et les autorités françaises devront remettre nos prisonniers à Cotonou dans les mêmes conditions qu'ils étaient auparavant, sans quoi nos troupes continueront à détruire tous les palmiers à huile du territoire de Porto-Novo. Nous avons déjà envoyé nos troupes détruire ces palmiers pour punir Toffa et les soldats français se sont avancés contre nos troupes. Pourquoi ? Ce n'est pas à la France que nous faisons la Guerre. C'est au Roi de Porto-Novo.

BÉHANZIN AHI – JÉRÉ Roi Fait au Palais de Cana Goumé

Lettre de Béhanzin à Monsieur l'Amiral de Cuverville

Palais d'Abomey, le 18 août 1890, 4 heures du soir

Monsieur l'Amiral,

Sa Majesté dit qu'elle est ici tranquille sans faire de mal à personne et que ce sont les Européens qui sont venus troubler la paix de son royaume.

Elle dit que Dieu dans le principe a créé le Noir et le Blanc, chacun pour habiter la terre qui lui a été désignée. Le blanc s'occupe de commerce et le noir doit faire le commerce avec le blanc, que les noirs ne font aucun mal aux blancs et que de même les blancs ne doivent faire aucun mal aux noirs.

Lorsque deux personnes sont amies et qu'il s'en rencontre qui les divise, il ne faut pas envoyer une telle personne ici. Et pourtant voilà ce qu'a fait Monsieur Jean Bayol. Ainsi en France il y a de très bonnes gens, de même au Dahomey et il a suffi de Monsieur Jean Bayol pour tout perdre.

Les Rois du Dahomey depuis le principe de leur royaume n'ont jamais donné leur territoire, ils ne le peuvent pas, c'est impossible. Les Européens peuvent rester à Cotonou s'ils en ont besoin moyennant une indemnité chaque an- née. Il dit que, de même que les Pères travaillent pour Dieu et trouvent la parole de Dieu, ainsi les Rois du Dahomey travaillent pour leur territoire et ne peuvent le laisser.

La France paiera au Roi par année : en or 1500 (mille cinq cents) livres sterling ou 7500 piastres en argent (sept mille cinq cents piastres argent). C'est le compte que le Roi reçoit chaque année des décimères.

C'est Toffa qui a commencé les intrigues. Puisque les Français ne veulent pas que Sa Majesté lui fasse la guerre, qu'ils veuillent bien prendre soin que Toffa reste tranquille et ne cherche plus de querelles. Alors le Roi de Dahomey ne l'attaquera pas, surtout maintenant que le Roi de Dahomey est l'ami de la France, car ce serait une honte pour lui.

Au sujet de la ville de Ouémé, le Roi de Dahomey ne cessera jamais la guerre parce que depuis les temps anciens le Roi de Ouémé a toujours fait la guerre au Dahomey, depuis le temps du Roi Accaba. Le Roi de Ouémé qui a porté la guerre au Dahomey s'appelle Iaazi. Il a brûlé la maison même du Roi et le Roi de Dahomey l'a tué. Cette ville de Ouémé est près de Dahomey et n'est pas sur le territoire de Porto-Novo.

Lorsque le Roi du Dahomey est mort, Toffa n'a envoyé aucun présent pour les funérailles. Toffa ensuite a envoyé un homme appelé Padonou et le Roi lui a donné beaucoup de présents pour Toffa ; les autres Rois de Porto-Novo envoyaient toujours des présents lorsqu'un Roi meurt au Dahomey et que cette chose qu'a faite Toffa est très mal. Lorsque les Rois de Porto-Novo meurent, les Rois de Dahomey envoient toujours des cadeaux pour les funérailles.

A Whydah, Godomey, Abomey-Calavi, Avrékété, les blancs peuvent faire le commerce comme auparavant. Dans les factoreries de Whydah, le Roi a mis une personne pour les garder, ainsi qu'à Avrékété, Godomey, Abomey-Calavi. Lorsque les Français ont bombardé Whydah, alors les habitants et les gardiens des factoreries de Godomey sont retournés à Whydah pour faire la guerre.

Les gens du Ouémé, alors (...) vinrent à Godomey-ville et Godomey- plage et volèrent tout ce qu'il y avait dans les factoreries. Lorsque les soldats de Whydah l'apprirent, ils envoyèrent du monde pour prendre les voleurs, mais ceux-ci se sauvèrent et les soldats ne purent saisir que deux personnes à qui ils coupèrent les têtes. Les têtes sont à Godomey.

Tout ce qui était à Cotonou, cauries, fusils, poudre etc... etc... a été pris, ainsi que Sa Majesté l'a entendu dire. Tous les bons livres, papiers au sujet des décimères, ont été brûlés.

Sa Majesté ne veut absolument pas que des soldats viennent habiter le Fort français. Ce n'est qu'à cause de Monsieur J. Bayol, que les Français ont été pris.
Sa Majesté afin d'éviter tout malentendu et intrigues fera retirer les soldats du Fort portugais par ses cabécères aussi mon arrivée à Whydah. Ainsi donc, dit-elle, le gouvernement français voit qu'il n'y a pas lieu de mettre des troupes au Fort français.

Tous les blancs seront bien traités et jamais il ne leur arrivera quoi que ce soit. Et si le Roi permet aux Français de débarquer alors c'est le Roi qui a perdu la confiance des Français et le peuple dira que le Roi traite bien les blancs c'est à cause des soldats et non à cause de l'amitié qui a toujours existé entre la France et le Dahomey.

Les Français feront un contrat comme quoi jamais ils ne feront la guerre au Dahomey et les Dahoméens en feront de même et ainsi jamais les Dahoméens ne tueront un Français. De cette façon les deux peuples seront éternellement amis.

Le Roi de Dahomey
Signé : BÉHANZIN AHI – DJÉRÉ

Ecrit par moi sous la dictée même du Roi et suivant ses propres paroles et style.

Signé : A. Dorgère
Missionnaire catholique, aumônier du corps expéditionnaire en mission spéciale au Dahomey

Première Lettre de Béhanzin à Ballot

Dahomey, le 29 mars 1892

A Monsieur Ballot, Gouverneur de Porto-Novo,

Je vous adresse ces deux lignes pour savoir des nouvelles de votre santé et en même temps vous dire que je suis bien étonné du récade que Bernardin a apporté au cabécère Zohoncon pour m'être communiqué au sujet des six villages que j'ai détruits il y a trois ou quatre jours.

Je vous garantis que vous vous êtes bien trompé. Est-ce que j'ai été quelques fois en France faire la guerre contre vous ? Moi, je reste dans mon pays, et toutes les fois qu'une nation africaine me fait mal, je suis bien en droit de la punir. Cela ne vous regarde pas du tout. Vous avez eu bien tort de m'envoyer ce récade, c'est une moquerie ; mais je ne veux pas qu'on se moque de moi, je vous répète que cela ne me fait pas plaisir du tout. Le récade que vous m'avez envoyé est une plaisanterie et je la trouve extraordinaire. Je vous défends encore et ne veux pas avoir de ces histoires.

Si vous n'êtes pas content de ce que je vous dis, vous n'avez qu'à faire tout ce que vous voudrez, quant à moi, je suis prêt. Vous pouvez venir avec vos troupes ou bien descendre à terre pour me faire une guerre acharnée. Rien d'autre.
Agréez, monsieur le Gouverneur, mes salutations sincères.

BÉHANZIN, Roi de Dahomey

Statue de Gbèhanzin à Goho (Abomey, Bénin)

Deuxième Lettre de Béhanzin à Ballot

Dahomey, le 19 avril 1892

Je viens d'être informé que le Gouvernement français a déclaré la guerre au Dahomey et que la chose a été décidée par la chambre de France.

Je vous préviens que vous pouvez commencer sur tous les points que vous voulez et que moi-même je ferai de même. Mais je vous avise que si un des mes villages est touché par le feu de vos canons, tel que Kotonou, Godomey, Abomey-Calavi, Avrékété, Whydah et Agony, je marcherai directement pour briser Porto-Novo et tous les villages appartenant au Roi de Porto-Novo.

Pour ce qui s'est passé dans la rivière de Ouémé, c'est vous qui êtes en cause, car lorsque les Dahoméens sont en campagne, il ne faut que personne ne puisse les voir ou les déranger. Si vous n'étiez pas venu me faire la guerre sur le chemin d'Atchoupa, je ne vous aurais rien fait le premier. Lorsqu'un étranger vient chez moi il faut m'en aviser et comme vous êtes venus chez moi avec un vapeur, mes troupes ont cru que vous veniez leur faire encore la guerre. C'est pour cela qu'elles ont commencé à tirer des coups de fusil sur le vapeur.

Au sujet de la rivière de Ouémé, je vous ai dit plusieurs fois et prévenu par lettres qu'il ne faut pas y aller parce que j'avais toujours des troupes de ce côté et c'est par là que les Dahoméens passent pour aller combattre leurs ennemis. Je vous ai dit plusieurs fois que ce fleuve m'appartient et non à Porto-Novo ni à personne autre que moi.

Maintenant, je viens vous dire, si vous restez tranquilles, moi aussi je resterai tranquille et nous resterons en paix. Si par exemple vous faites quelque chose, je ruinerai tout en général et le commerce aussi et je ferai commerce avec d'autres nations.

La première fois je ne savais pas faire la guerre, mais maintenant je sais. Si vous commencez la guerre, j'ai des troupes prêtes pour cela. J'ai tant d'hommes qu'on dirait des Vers qui sortent des trous. Je suis le Roi des Noirs et les Blancs n'ont rien à voir à ce que je fais. Les villages dont vous me parlez sont bien à moi, ils m'appartiennent et voulaient être indépendants, alors j'ai envoyé les détruire et vous venez toujours vous plaindre.

Je désire savoir combien de villages français indépendants ont été brisés par moi, Roi de Dahomey. Veuillez rester tranquille, faire votre commerce à Porto-Novo, comme cela nous resterons toujours en paix comme auparavant. Si vous voulez la guerre, je suis prêt. Je ne la finirai pas quand même cela durerait cent ans et me tuerait 20.000 hommes.

Personne ne saura jamais rien de tout ce que je viens de vous écrire. J'attends votre réponse, mais si la France veut me faire la guerre, je ne veux pas que vous m'avertissiez, car je suis toujours prêt sur tous les points.

Je suis informé de tout, je connais le nombre de millions que la France veut dépenser pour recommencer la guerre. Je suis très bien informé. J'ai reçu la lettre que vous m'avez envoyée par Zonahocon de Cotonou à Whydah, ainsi que celle vous vous aviez confiée au chef du Dékanmè. Je les ai reçues toutes les deux et j'ai pris bonne note.

BÉHANZIN

Lettre des Autorités de Ouidah à Monsieur Ballot

Ouidah, le 30 mars 1892

A Monsieur Ballot, Gouverneur de Porto-Novo,

Le message que vous avez fait porter au chef de Cotonou a été reçu par nous chefs de Whydah, appartenant à S.M. le Roi Béhanzin du Dahomey. Nous pouvons vous dire peu de choses maintenant au sujet de votre message.

L'Amiral Cavelier de Cuverville a envoyé le Père Dorgère à S.M. le Roi de Dahomey pour régler les affaires du temps du blocus. Le Roi de Dahomey a ordonné au Père Dorgère d'écrire à l'Amiral, et celui-ci a répondu le 18 août 1890. Nous avons cette lettre. Il est écrit dans cette lettre que le Dahomey ne cessera jamais de se battre contre le pays de Ouémé ; la raison en est que, du temps des anciens Rois, le Ouémé a fait une guerre contre le Dahomey ! C'était au temps du Roi Akaban ! Le Roi de Ouémé qui a fait cette guerre se nommait Yazahé. C'est lui qui a brûlé et complètement détruit le palais du Roi à Abomey. Le Ouémé dont je parle n'a jamais fait partie de votre royaume et n'appartient à Porto-Novo, mais est bien au Dahomey. Si l'amiral ne vous a jamais montré cette lettre, vous pouvez envoyer un messager à Ouidah pour en prendre copie.

Maintenant, nous vous disons, nous les chefs, au sujet du message que vous avez envoyé au Roi par le chef Zohoncon, que si les Français ont l'intention de faire la guerre au Dahomey, vous serez cause que Porto-Novo sera détruit ainsi que toutes les villes de l'intérieur. Nous vous faisons savoir encore une fois que Porto-Novo n'étant pas dans la mer mais bien sur terre, est au

Roi de Dahomey ; car tout ce qui est sur terre appartient au Roi de Dahomey. Ce que nous pouvons vous conseiller, nous, chefs de Ouidah, c'est de monter voir S.M le Roi Béhanzin du Dahomey, vous-même si vous voulez arranger votre affaire.

YOVOGAN, COUSSOUGAN et les chefs de l'Agora.

L'Armée de Gbèhanzin (Illustration, L'Intransigeant, 1902)

Lettre du Général Dodds aux Autorités de Ouidah

J'ai reçu votre lettre du 14 juin adressée à M. Ballot à Porto-Novo et qui m'était probablement destinée.

Je suis surpris de l'assurance avec laquelle vous affirmez que le Roi du Dahomey est l'ami de tous les Européens.

Il faut croire que dans votre pensée il est fait exception de Français, car je ne m'expliquerais pas sans cela l'attitude du Roi Béhanzin depuis quelques mois ; je suis étonné qu'il n'ait pas encore répondu à la lettre que je lui ai dressée dans laquelle je l'informais de mon arrivée au Bénin comme représentant du Gouvernement français.

Je ne vois aucune raison pour cesser d'interdire l'accès de nos possessions aux Dahoméens lorsque ceux-ci ont ouvert les hostilités canonnière que montaient le lieutenant – gouverneur et le commandant des troupes ; lorsqu'ils continuent encore à soutenir des princes de Porto-Novo ennemis de la France, et surtout lorsqu'ils entretiennent des guerriers sur les territoires dépendant de notre protectorat.

Salut.
A. DODDS

Première Lettre du Général Dodds à Béhanzin

Porto-Novo, le 2 juin 1892

Nommé par M. le Président de la République au commandement supérieur des Etablissements français situés sur la côte des Esclaves, je suis arrivé à Cotonou le 28 mai. Mon étonnement a été grand d'apprendre en débarquant qu'au mépris du droit des gens vous déteniez illégalement trois commerçants français à Ouidah et que vous aviez de nouveau violé les engagements librement consentis par vos représentants le 3 Octobre 1890, en envahissant le territoire du protectorat français que vos troupes occupent encore aujourd'hui à Cotonou, à Zobbo et dans le Décamé.

Je crois devoir vous rappeler les termes de l'article premier de l'arrangement du 3 octobre 1890 : « Le Roi du Dahomey s'engage à respecter le protectorat du royaume de Porto-Novo et à s'abstenir de toute incursion sur les territoires faisant partie de ces protectorats. Il reconnaît à la France le droit d'occuper indéfiniment le territoire de Cotonou. »

En conséquence des stipulations de la convention précitée je vous prie dans votre intérêt : 1° De mettre en liberté et de renvoyer soit à Cotonou, soit à Grand-Popo, les trois Français actuellement détenus à Ouidah. 2° De retirer de Cotonou, de Zobbo et des rivages de la rive gauche de l'Ouémé, de Dogba, les postes et détachements qui s'y trouvent.

J'espère que vous voudrez bien faire droit le plus tôt possible à mes justes revendications.

Salut. DODDS

Seconde Lettre du Général Dodds au Roi Béhanzin

Le 20 Juin 1892

Votre lettre du 10 juin m'est parvenue à Porto-Novo, le 18 du courant. Vous avez bien voulu me l'adresser en réponse à ma lettre du 2 du même mois par laquelle je vous invitais de la façon la plus consciente :

1° A mettre en liberté les trois Français détenus illégalement par votre ordre à Ouidah.

2° A retirer de Cotonou, Kobbo et des villages de la rive gauche de l'Ouémé, de Dogla à Dogba, les postes et détachements de votre armée qui s'y trouvent encore aujourd'hui.

Je vous remercie d'avoir fait droit immédiatement à mon premier desideratum, mais permettez-moi de m'étonner de la réponse étrange, puérile et même ironique que vous avez cru devoir faire à ma seconde demande.

L'arrangement du 3 octobre 1890, dont vous assurez avoir toujours scrupu- leusement observé les engagements stipule « que les traités ou conventions antérieurement conclus entre la France et le Dahomey restent intacts ». Or la convention du 19 avril 1878 concède en toute propriété au Gouvernement français un territoire de six kilomètres de côte sur lequel se trouvent les villages de Cotonou et de Zobbo. Vous me permettrez donc, en conséquence, de considérer comme peu sérieuses vos prétentions sur ces deux villages français.

D'autre part, nous sommes en droit de ne pas attacher plus d'importance à vos prétendus droits de propriété sur la province du Bas-Ouémé car le dernier de vos sujets sait fort bien que la limite de vos possessions du côté de l'est est la rivière de So ou Zounou jusqu'à la lagune du Tjibé-Akpomé et la lagune de Ouovimé jusqu'à Dogba.

Quinto, Zougomé, Dankoli, Ahenta, Denko, Biko, Agloloué, Agongué, Dawémé et Kétin-Sota que vous avez pillés et incendiés au mois de mars dernier sont bien sur le territoire français et vos troupes ne pouvaient l'ignorer puisqu'elles ont enlevé, lacéré et détruit les drapeaux français qu'arboraient ces villages du Roi Toffa.

Il en est de même de la rive gauche de l'Ouémé, de Dogla à Dogba, que vos soldats occupent illégalement encore aujourd'hui ; le chef du Dé- kamé que vous avez poussé à la rébellion et que vous soutenez encore n'est-il pas un sujet révolté du Roi de Porto-Novo ?

Je n'insisterai pas davantage sur l'importance qu'il faut attacher à vos affirmations ni sur la valeur des sentiments dont vous dites être animé à l'égard des Français, sentiments qui sont peu d'accord, vous l'avouerez

1° Avec l'attaque inqualifiable dont le lieutenant-gouverneur Ballot et le commandant des troupes ont été l'objet lorsqu'ils naviguaient paisible- ment à bord d'une canonnière française dans des eaux appartenant sans contestation à la France ;

2° Avec les lettres antérieures que vous ou vos chefs avez adressées, du 19 mars au 1er mai au représentant de la République à Porto-Novo.

Quoi qu'il en soit, et malgré le peu de crédit qu'il convient d'accorder à vos revendications j'ai cru devoir les transmettre à mon Gouvernement qui les appréciera et me fera connaître sa décision à leur égard, décision que je m'empresserai de vous communiquer dès qu'elle me parviendra. En attendant, non seulement je maintiens la défense formelle faite aux Dahoméens de circuler sur les routes et lagunes de Porto-Novo, mais encore je vous fait connaître que cette mesure est complétée par l'inter-diction de toute communication avec les ports du Dahomey, le gouver- nement français ayant décidé et notifié aux puissances étrangères qu'à partir du 18 de ce mois le blocus serait établi sur les côtes de nos pos- sessions du golfe du Bénin.

Salut.
A. DODDS

Reddition volontaire de Gbèhanzin à Dodds (Illustration)

Déclaration de déchéance et bannissement du Roi Béhanzin

Porto-Novo, le 3 décembre 1892

Au nom de la République française,

Nous, Général de brigade commandant supérieur des Etablissements français, commandeur de la Légion d'Honneur

En vertu des pouvoirs qui nous ont été conférés, Déclarons :

Le Roi Béhanzin Ahy – Djéré est déchu du trône du Dahomey et banni à jamais de ce pays.

Le royaume du Dahomey est et demeure placé sous le protectorat exclusif de la France et à l'exception des territoires de Ouidah, Savi, Avrékété, Godomey et Abomey-Calavi qui constituaient les anciens royaumes de Adjuda et de Jacquin, lesquels sont annexés aux possessions de la République française.

Les limites des territoires annexés sont : à L'Ouest, la rivière Ahémé ; au Nord et à l'Est, la rivière Savi et les frontières N.-E. du territoire d'Abomey-Calavi ; au sud, l'Océan Atlantique.

A.DODDS

Troisième Lettre de Béhanzin
au Président de la République Française

Fort-de-France, le 17 octobre 1898

Monsieur le Président,

Je viens présenter mes sincères témoignages de la profonde amitié que je nourris pour (Monsieur) le Président de la République Française, ainsi qu'à tous ses Ministres. Depuis de très longues années mes ancêtres furent toujours de dévoués alliés de la nation française. Les habitants de la France furent le premier peuple qui vint s'établir sur le territoire du Dahomey, c'est pourquoi le mot Zadjéagué signifie dans notre langue le premier étranger ou bien le Français qui débarque dans notre pays.

Depuis que mon aïeul Guézo reçut en grande amitié l'Amiral Vallon, les liens d'affection avec la République Française n'ont cessé de se resserrer bien qu'à cette époque je ne fusse encore qu'un enfant. Il reçut comme cadeaux trois drapeaux magnifiques dont la lampe était surmontée d'un aigle, le roi des oiseaux ainsi qu'une foule de somptueux présents, et ces drapeaux français qui existent encore se sont toujours balancés en tête des cortèges les jours de grandes fêtes. Ceci prouve la longue amitié que mes ancêtres ont conservée pour la France et lorsque mon père Glélé monta sur le trône le commerce fut ouvert à l'industrie française ; ce qui facilita la longue durée de son règne. Il écrivit même à l'officier français qui se trouvait à Porto-Novo pour le prévenir que j'étais appelé à lui succéder. Et quand je m'appelai Kondo, je vis un grand nombre de Français que mon père m'enseigna toujours à considérer comme de grands amis. Des menteurs ont mal interprété les relations d'amitié entre les deux pays et ont déclaré la guerre contre ma volonté, soutenus par Toffa le Roi de Porto-Novo, mon ennemi personnel, ainsi que l'ennemi de Glélé mon père. Malgré tous les malheurs dont Toffa est cause, je ne voudrais jamais chercher à lui nuire, car il fut de mes parents, notre sang est le même et Dieu ne veut pas que l'on se venge sur sa famille. Sa guerre est chose qui passe, mais ce qui restera éternellement, c'est la paix et l'amitié ; partout où se trouveront les Français, le sol restera respecté de même pour les habitants du Dahomey.

Des messagers avec des explications pour éviter la guerre furent envoyés à Ouidah et à Cotonou, mais ne purent parvenir en France qu'en passant à mon grand déplaisir sur le territoire de Lagos.

J'espère que la France comprendra la vérité, ma sincérité, pour l'amitié d'un grand peuple. Depuis mon départ de Dahomey, les climats étrangers ont fatigué ma santé. Mes sentiments ne doivent pas rester inconnus et après une longue absence il me serait doux d'entretenir l'éternelle amitié avec la Nation française sur le sol même du Dahomey. Mes relations seraient désormais directes avec les Français en évitant les interprètes mensongers et enfin, il me tarde de rendre à mon père les honneurs funéraires qui sont dus aux Rois de mon pays. S'il le faut, je me rendrai moi-même en France donner au Président de la République toutes les explications avec franchise et amitié. Je prodigue à Votre Excellence et à tous les Ministres mes sentiments affectueux et au Dahomey mes petits-neveux ignoreront toujours les mauvais jours de la guerre.

BÉHANZIN - AÏJÉLÉ

Lettre de Béhanzin à M. le Député Gerville Reache

Fort-de-France, le 10 octobre 1902

Monsieur le Député,

Permettez à Béhanzin de se recommander à l'influence du généreux Député de la Guadeloupe. Il sait combien vous êtes empressé à secourir les justes causes, et il a confiance que la sienne trouvera un appui en vous. Je suis à la Martinique depuis 8 ans et demi, victime des intrigues de Toffa, Roi de Porto-Novo, et la perfidie des interprètes, achetés par lui, qui trompaient et les français, mes amis et moi. Dans cette longue période, tous vos compatriotes de la Colonie-sœur, tous les plus hauts fonctionnaires militaires et civils, comme les plus humbles martiniquais, peuvent attester que j'ai toujours manifesté le plus grand amour et le plus grand intérêt pour la France et les solennités républicaines, en même temps que la plus cordiale amitié pour les Français.

J'ai perdu dans les horribles catastrophes qui anéantirent St-Pierre et les bourgs du Nord, un grand nombre d'amis sincères, grands et petits, j'ai partagé votre immense douleur, dans la perte de votre fils chéri, la douleur aussi de la France, en face de la ruine partielle de sa belle colonie. Mais, ces phénomènes inconnus pour moi et effroyables, achèvent de détruire ma santé déjà fort ébranlée par l'exil.

En effet, Monsieur le Député, vous n'ignorez pas que lorsque, de me propre initiative, je me rendis auprès du Colonel Dodds, je lui demandai spontanément de ma conduire en France, pour conférer avec le Chef de l'Etat et éclaircir le malentendu dont j'étais victime.

Je croyais donc me rendre en France, pendant que j'étais dirigé sur la Martinique. Vous comprendrez facilement mes angoisses et ma tristesse, depuis huit ans que j'attends dans l'exil ma justification ; et je crois que si elle n'a pu être

encore faite c'est faute de renseignements ; je crois que si le Gouvernement était éclairé, je serais déjà rétabli dans mes anciens pouvoirs en même temps que dans l'amitié de la France.

C'est pourquoi, je me suis décidé à écrire à ce sujet, à Monsieur le Président de la République, et au Ministre des Colonies et à diverses autorités coloniales, j'espère que véritablement renseignés sur les évènements du Dahomey, ils ne tarderont pas à faire rentrer dans son pays un exilé de huit ans qui fut et reste encore un grand ami de la France.

Et je compte sur vous, et aussi sur vos puissants amis, pour appuyer ma cause auprès d'eux, Monsieur le Député ; sur vous, qui pouvez mieux nous connaître, qui savez que les intrigues d'autrefois que je pouvais difficilement surmonter, ne pourront plus se présenter, puisque j'aurai à mes côtés mon fils, instruit par la France, éclairé par sa civilisation, et qui sera un intermédiaire efficace entre les pouvoirs français et moi.

Je suis, Monsieur le Député, je le répète, un grand ami de la France, et vous prie ardemment de croire, en même temps qu'à ma reconnaissance anticipée, à mes sentiments d'affection pour elle, comme pour tous ses représentants.

BÉHANZIN

Première Lettre de Béhanzin au Gouverneur du Dahomey

Fort-de-France, le 28 février 1903

Monsieur le Gouverneur,

C'est avec une entière confiance dans l'humanité et le haut esprit de justice du représentant de la France au Dahomey que Béhanzin vous salue. Les Rois du Dahomey furent toujours les amis de la France et la France se montra toujours amie à leur égard. J'aimais aussi beaucoup la grande nation, et les dissentiments si malheureux, si regrettables qui survinrent dans nos rapports, ne sont dûs qu'à la perfidie des interprètes de Toffa, Roi de Porto-Novo, qui trompaient en même temps et les Français et moi.

Victime des agissements criminels de ces agents soudoyés, je suis depuis dix ans à la Martinique, en terre d'exil.
Pendant mon long séjour ici, j'ai été l'objet d'une grande sympathie de la part des braves officiers de l'armée français, de la part de tous les hauts fonctionnaires du pays- ceux que nous avons trouvés à notre arrivée comme ceux qui leur ont succédé- j'ai pu apprécier les qualités des Français petits et grands ; mon amour pour eux n'a pu qu'augmenter à ce contact. Mais, Monsieur le Gouverneur, l'exil est malgré tout pénible, aux victimes de l'expédition du Dahomey. Notre santé à tous décline. Les derniers phénomènes volcaniques, si terribles et nouveaux pour nous, achèvent d'ébranler notre santé.

Aussi, Monsieur le Gouverneur, nous comptons sur votre esprit d'humanité pour revoir notre pays. J'y serai pour la France, pour la politique française, un agent dévoué et un ami fidèle, un propagateur de ses idées. Car, et malgré tous les revers, tous mes malheurs qui viennent de ce que les Français ont été trompés, je demeure un ami de votre pays.

Ne craignez donc pas d'endosser une responsabilité lourde, en me rendant à mes royaumes. La reconnaissance seule que je vous devrais, si mon estime pour la France et le sentiment de sa puissance ne m'en éloignaient déjà, m'empêcheraient de devenir hostile au pouvoir français.

Vous pouvez donc, en cette occasion, mettre en moi votre confiance, Monsieur le Gouverneur. Il vous serait donné, en intervenant en ma faveur,

de rendre plus profonde en Afrique la puissance coloniale française, de vous procurer un ami et un collaborateur.
Grâce surtout à l'instruction généreuse donnée par la France à mon fils Ouanilô, j'aurais pu vous être d'un secours efficace.

Permettez-moi, Monsieur le Gouverneur du Dahomey, de compter entièrement sur votre généreuse intervention, pour rendre à la France un des plus sûrs soutiens de sa politique en Afrique.

BEHANZIN

Seconde Lettre de Béhanzin au Gouverneur du Dahomey

Fort-de-France, le 10 août 1903

Monsieur le Gouverneur,

J'ai l'honneur de venir une fois encore, réclamer l'appui de votre haute influence auprès de Monsieur le Ministre des Colonies.
J'ai tout récemment fait un dernier appel à sa bienveillance et à sa générosité, et je compte sur vous pour que cet appel réussisse.

Comme je l'ai dit à Monsieur le Ministre des Colonies, je suis resté un ami de la France : j'ai tout oublié du passé : et j'ai conjuré ce haut magistrat de repousser aussi les pénibles souvenirs de la guerre.
N'ayez aucune appréhension, aucune crainte des responsabilités que vous encourez en provoquant mon retour au Dahomey. Vous trouverez en moi un ami reconnaissant, et loin de regretter cet acte, vous ne pourrez que vous en féliciter.

Veuillez agréer, Monsieur le Gouverneur, l'assurance de ma vive sympathie et de ma reconnaissance anticipée.

BÉHANZIN
J'ai l'honneur de saluer, Monsieur le Gouverneur du Dahomey.

Les lettres sont interessantes et importantes.

On voit au départ, quand il était encore à Abomey, un Behanzin combatif et menaçant qui revendique ses droits avec intransigeance. Parfois il est utile de montrer ses muscles, parfois il est préférable de se faire passer pour plus faible qu'on est en réalité afin de pouvoir surprendre l'adversaire. Dans le cas de Behanzin, nous savons que pour la deuxième guerre franco-dahoméenne, les Français ont veillé à appréhender et à empêcher les livraisons additionnelles d'armes britanniques et allemandes sur lesquelles Béhanzin comptait stratégiquement.

Les Français sont eux mêmes venus avec une puissance militaire beaucoup plus importante que lors de la première campagne. En plus des officiers militaires français, ils avaient un important contingent de soldats Sénégalais réquisitionnés dans la colonie, des soldats Nago expérimentés dans la guerre contre les troupes dahoméennes et des soldats de Toffa (le roi de Porto-Novo) qui connaissaient très bien les terrains du Sud-Dahomey.

Dans la mélancolie martiniquaise, le ton du roi change et il se positionne désormais comme un ami de la France, prêt et capable de les aider s'ils ont le courage de le retourner vers sa terre natale.

Vers la fin, il est envoyé en Algérie où il mourut, certes sur sa terre africaine natale, mais loin des plaines dahoméennes.

Photo authentique d'amazones (1894)

Photo du Roi Agoli-Agbo

DAHOMEY — Le dernier roi du Dahomey
Agoli Agbo, frère de Behanzin

Roi Goutchili AGOLI AGBO
(1894-1900) et (1900-1940)

Emblème: pied trébuchant contre un rocher, balai, arc

Devise: Prenez garde! La dynastie des rois du Danxomè a trébuché mais elle n'est pas tombée. Le roi est comme un balai qui repousse ses ennemis.

Axosumlanmlan (panégyrique) de Agoli Agbo

Axosu Agoli Agbo
O roi Agoli Agbo

Alada klë afò ma j'ai
Allada trébuche mais ne tombe pas à terre

(Après la défaite de Gbèhazîn, les Français firent nommer à sa place son frère Goutchili. Le nouveau roi prit le nom d'Agoli Agbo (Gare à ton chemin Abomey!) pour affirmer qu'il avait sauvé le Dahomey de la ruine. Allada est le lieu d'origine de la dynastie aboméenne. Agbo = Agbome = Abomey)

Kle Agbo, klë Agbo sòwali
Abomey trébuche, Abomey trébuche et risque de tomber

Axòsu to se gbe
O roi écouté de tous

Flase blo Alada to do e
Les Français ont relevé Allada

Lo bo Dàxomê se gbe
Et le Dahomey a obéi

Bo ni axòsu tòdida
(Toi) qui te nommes roi par la volonté de ton père

(On veut dire par là que le roi Agoli Agbo, ayant pu accomplir les cérémonies requises pour les funérailles solennelles de son père Glëlë, méritait effectivement le trône du Dahomey.)

Togba na kpë vi bo tòdida
Si la charge du pays est lourde pour l'enfant, son père l'aidera

Bo ni axòsu nugbo wèkê

(Toi) que l'on nomme le vrai roi devant le monde entier

(Le titre d'Agoli Agbo avait été reconnu par les Français.)

Bo Alada lo non sïmè

Allada n'a plus qu'à accepter désormais

Zo de do Agolïto

Le feu a été mis au pays d'Agonlin

(Pour honorer un roi défunt, la coutume dahoméenne voulait qu'on lui sacrifiât quelques esclaves ou captifs. Agoli Agbo dut s'y plier et lança des troupes contre le village d'Agonlin peuplé de Mahi qui s'étaient moqués de la défaite du Dahomey. Ce fut une des raisons invoquées par les Français pour abolir la royauté dahoméenne et exiler Agoli Agbo.

Axòsu fë ma no vo

O roi inséparable comme l'ongle

Alada'xòsu fé ma no vo

O roi d'Allada inséparable comme l'ongle

Fe ma nö vo nu alò

Aussi inséparable que l'ongle du doigt

(Un autre nom fort du roi a le même sens : "Jau xë nu alò ma i", ce que la main saisit fortement ne lui échappe pas. Allusion à la prise du pouvoir par le roi.)

Bo ni axòsu n'ò vivi

Et que l'on nomme le roi qui rend doux

Adokpo xè gbo degedege gbÔ nu ò vivi

Adokpö tient sagement l'orange pour qu'elle mûrisse

(L'orange symbolise le royaume.)

Axòsuvi, we de weto

O fils de roi, chacun a son talent

(C'est-à-dire que chaque roi utilise des méthodes différentes pour parvenir à ses fins. Réponse aux critiques des descendants de Gbëxàzï.)

AdokpÔvizë, mò zë bo nò mia

L'orange du fils d'Adopkpô, cette orange (pourquoi) ne pourrait-elle pas mûrir?

(Après avoir connu la ruine et la défaite/ rien n'empêche le Dahomey de retrouver la paix sous l'égide coloniale française)

Akpakogan nla jo

Le fer du piège ne lâche pas sa proie

Akà bi na futü do axito

La corde cinglera sur le marché

(le roi tendra des cordes .sur le marché pour y châtier tous ceux sans distinction qui le calomnient.)

Tòsisa mò nò go tò kple te

Les cours d'eau se rassemblent pour la plupart

Ye to le kple sa kaka lo Kpëgla agbetò

Après leur long périple, ils se rassemblent dans l'océan de Kpëgla

(Agoli Aqbo avait pour jòtò le roi Kpëgla. Celui-ci s'était servi de cette métaphore après sa victoire sur le chef xwëda Agbamu.)

Hwi wê ye co ko na we

Ils ne peuvent que venir à toi

Bò ni axòsu glë zÔ Yovo

(Toi) que l'on appelle le roi qui a mené l'Européen aux champs

Gle ZO Yovo.bò xomènÒhu agbetò

L'océan a été content que l'Européen ait été mené aux champs

Xwêda axòsu Agbamu hutò

Celui qui a tué Agbamu, roi des Xwêda

(exploit accompli par Kpengla, jòtò de Agoli Agbo)

N'xòmla we lade

Je te loue Ô roi

Axòsu Agoli Agbo

O roi Agoli Agbo

Zo de do Agôlïto

Le feu a été mis au pays d'Agonlin

Vèhûdo hutò

Celui qui a tué Vèhûdo

Adamaxo hutò

Celui qui a tué Adamaxo

Janâsu hutò

Celui qui a tué Janâsu

(Vèhûdo, Adamaxo, Janâsu étaient des chefs de la région d'Agonlin)

B'agala dele

Exemple de courage

Lade to xo do zogonutò lo adetò

O roi, l'intrépide qui a conquis le pays avec des armes à feu

(Les Dahoméens connaissaient depuis longtemps les armes à feu, mais ils ne possédaient que de vieux mousquets ou fusils à pierre, hormis quelques canons pris aux Portugais ou aux Hollandais. Déjà durant la guerre contre les Français, le roi Gbehànzin réussit à se procurer des armes à tir rapide, jusqu'à une mitrailleuse de fabrication française que l'on peut voir encore exposée au Musée historique d'Abomey.)

Frère de Behanzin et chef de l'état major militaire durant son règne, GOUTCHILI (qui s'appelait HLO DJEVIVI à sa naissance en 1839) fut installé sur le trône le 29 Janvier 1894 sous le nom fort de AGOLI AGBO, par les Français à la place de son frère désormais en exil forcé en Martinique. L'ingérence et la bénédiction françaises ont renforcé les rumeurs de connivence et de trahison qui ont pesé à tort sur lui.

Agoli Agbo est accusé d'être impliqué à la fois dans la chute d'Abomey, mais aussi dans le démantèlement des tanières secrètes de Gbèhanzin, entrainant l'anéantissement de ses forces spirituelles; et scellant les portes de la possibilité d'un retour quelconque sans l'aval des Français, lequel retour aurait menacé le règne du nouveau roi Agoli Agbo. Ces rumeurs ont longtemps été une source de mal-compréhension et de division entre les descendants de Agoli Agbo, les descendants de Gbèhanzin et les membres des autres familles royales. On ne saura jamais tous les méandres des faits. Il est toutefois bon de souligner que si Gbèhanzin indexait régulièrement le roi Toffa de Porto-Novo pour ses trahisons, il n'a jamais reproché quoique ce soit à son frère Agoli Agbo dans ses correspondances épistolaires.

De ce fait, et considérant que Agoli Agbo n'était même pas le premier choix des Français pour la succession, ainsi que les événements qui suivront, y compris son propre exil, je crois personnellement en l'innocence de Agoli Agbo. Gbèhanzin a certainement été trahi, mais par quelqu'un d'autre.

Les Français qui espéraient un souverain marionnette qu'ils allaient pouvoir manipuler à leur guise comme dans leurs autres colonies, ont été très vite déçus et ont dû déporter le nouveau roi et dissoudre la royauté du Danxomè. Agoli Agbo connut donc l'exil comme son frère. De 1900 à 1910, il a été détenu à Libreville puis à N'DJOLE au GABON où il fit la même prison que SAMORY TOURE.

Les doléances du Roi, et de ses frères et sœurs conduisirent l'administration coloniale à consentir son retour au Dahomey. Cependant, la méfiance des français restait grande. Il fut placé en résidence surveillée à Gblessogo sur la ferme de Adi à Savè pendant 15 ans. En 1925, le roi est installé à Mougnon (Zou). En 1927, le palais de Gbindo est achevé et le roi retourne finalement à Abomey (Zou).

Un fait notable au credit de Agoli Agbo est qu'il parvint contre vents et marées à faire toutes les cérémonies coutumières statutaires pour son père Glèlè. Pour cela il n'hésita pas à faire la guerre à Agonlin, ce qui lui permit de capturer les esclaves dont il avait besoin pour les sacrifices statutaires.

C'est aussi Agoli Agbo qui présida les festivités d'inhumation de la dépouille de Gbèhanzin finalement retournée d'Algérie le 9 Mars 1928.

Agoli Agbo a beaucoup apporté au royaume au plan cultuel. On peut citer :
- la restauration des temples de "ZOMANDONOU";
- la rénovation de tous les "DJEXO" des Rois ;
- la redécouverte des lieux d'inhumation des Rois AGONGLO, GHEZO et GLELE et la célébration à leur intention du culte qui leur est dû.

Au point de vue culturel, Agoli Agbo a amélioré le rythme AGBADJA, le HOUNGAN et le ATCHA. Il a spécialement créé le rythme GOKOUE à l'occasion de la célébration des funérailles de son père le Roi GLELE. Il est l'auteur d'une multitude de chansons d'histoire.

Le roi Agoli Agbo en 1894, Archives Getty

Liste des enfants de AGOLI AGBO

- ROI TOGNI AHOSSOU WOUGOTON GANSE
- ROI AHLIHA AIDODODO
- DAH GBENON
- NAN WOUDIDI
- TOHOU
- FOUTOUDJEHOUNGBE
- AGBANI GASTON
- Autres

Situation géographique des palais privés des rois à Abomey

Le prince et futur Roi TEGBESSOU a créé le quartier ADANDOKPODJI DAHO en y installant un palais.

Le prince et futur Roi KPENGLA a créé le quartier ADANDOKPODJI KPÈVI en y installant un palais.

Le prince et futur Roi AGONGLO a créé le quartier ADAME à GOHO et plus tard le quartier HUEGBO à DJEGBE en y installant un palais.

Le Roi GUEZO a créé le quartier GBECON / HOUNLI en y installant un palais.

Le prince et futur Roi Glèlè a créé le quartier COVEKPA à DJEGBE en y installant un palais.

Le palais du Roi Gbèhanzin est à DJIME.

Le palais du Roi AGOLI AGBO est à GBINDO.

Le palais de la Reine ZOGNIDI épouse de GUEZO est à SEDESSA.

Liste des KPODJITO, mères des rois du Danxomè

Trop souvent ignorées ou occultées à la fois par les historiens du royaume et par les historiens modernes, ces femmes sont pourtant des figures importantes de la vie du royaume. J'ai décidé d'inclure ici cette liste que j'avais préalablement publiée sur Twitter il y a quelques années et qui a fait le bonheur des internautes béninois.

Mère de roi Houegbadja: Nan ADROU

Mère de roi Akaba: Nan ADONON

Mère de reine Hangbé: Nan ADONON

Mère de roi Agadja: Nan ADONON

Mère de roi Tegbessou: Nan HOUANDJILE

Mère de roi Kpengla: Nan TCHAYI (CAI)

Mère de roi Agonglo: Nan SENOUME

Mère de roi Guézo: Nan AGONTIME

Mère de roi Glèlè: Nan ZOGNIDI

Mère de roi Gbèhanzin: Nan ZEVOTIN

Mère de roi Agoli Agbo: Nan KANAYI (KANNEYI AGONNOUTON)

Nan Zognidi: Epouse, mère et grand-mère de rois

Nan Zognidi était la principale épouse du roi Guézo, la mère du roi Glèlè et la grand-mère des rois Behanzin et Agoli-Agbo. Elle a eu une existence remarquable semée d'embuches et de triomphes; et est l'un de mes ancêtres.

Apres une longue vacance, son trône a été réhabilité et la personne choisie pour l'occuper actuellement est ma tante directe Tokpo Sidonie qui a été intronisée avec le nom de règne fort de Nan Zognidi Sokewun.

Il est ici question de la reine originale elle même.

NANYE ZOGNIDI KPODJITO AGOYI SINDOLE (Quatre-fois-arrière-grand-mère de Dallys-Tom MEDALI) est née en 1776 (ou 1774), à Adakplame, Plateau, Benin, de Zoki de Gbaka et de Houmin Ainon adikounvi ajoxoue nou (originaire de Aguigadji). Nanyé était reine-mère. Elle est décédée en 1856, à environ 80 ans, à Abomey, Zou, Benin.

Nanyé a été mariée deux fois. Elle a épousé Alavo frère de Guézo, avant d'épouser le Roi GUEZO Gakpé Agbahaida du Danxomè après le décès de son premier mari.

Le Roi GUEZO et Nanyé ZOGNIDI Kpodjito Agoyi Sindolé ont eu cinq enfants :
- Roi Glèlè Badohoun Gbingni du Danxomè né en 1802
- Noudai Guézo[1558]
- Dako Guézo[1559]
- Nanni Nagni Guézo[1560]
- 5e enfant Guézo[1561] qui vécût très brièvement

Les nombreux noms de la reine

*étape 1 (enfance en pays Mahi/Nago) --> **Agoyi** (son faux jumeau est reparti)*
*étape 2 (jeunesse et captivité à Abomey, et premier mariage avec le prince Alavo) --> **Djeto** (perle des eaux)*
*étape 3 (mariage avec Guézo, exil à Cana et Ouidah, règne majestueux) --> **Nan Zognidi** / **Kpodjito** (mère du leopard) / **Adetegoungoun** (puissante) / **Gancame Kassinto** (envergure politique) / **Sindolé** (l'eau est bienfaisante et bénéfique) / **Francesca** = nom catholique de baptème à Whydah avant son mariage avec Guézo /.*

Nan zognidi = dje nan nan xo zognidi = la perle rare royale a subit l'épreuve du feu, afin que son nom résonne en écho pour les générations.

Le cortège venu de Adakplame (arrondissement de l'actuelle commune de Kétou, que j'ai eu le plaisir de visiter lors des grandes commémorations pour l'intronisation de la reine actuelle) était constitué de jeunes filles vierges, de jeunes mères et de petits enfants (garçons et filles).

Les membres (principalement filles et femmes) de ce contingent historique sont les DJETO ou perles rares ramenées pour poursuivre l'effort de "beautification" du royaume. Leurs nombreux descendants sur le plateau du Zou au Benin, sont les DJETOVI qu'on appelle aussi pour simplifier, DJETO comme leurs illustres ancêtres. La reine Zognidi, du fait de l'accession de son mari Guézo au trône et de sa propre biographie remarquable est l'héroïne de ce peuple et la matriarche des nombreuses collectivités de familles qui ont été engendrées.

Le travail de Toussaint C. Ahomagnon avec les anciens de la collectivité a permis de répertorier 56 principales collectivités qui constituent les personnes qu'on peut aujourd'hui appeler DJETOVI ou DJETO. Cette liste quoique incomplète, est assez riche.

Liste des DJETOVI du Danxomè

TOKPO	GBATLOSSI
ALAGBE	AVOLONTO
SINSIN	BAHOUNON
CADOU	AGBONANGO
DESSOU	AZINGODO
AHOHOKPA	AZOMA
GOHOUNGO	AGBANLIKPE
AZON	ABLIBA
TCHIBO	TESSAGOU
MONNOU	ATCHASSOU
TOUNOU	KPLEDEHOU
TOUDE	LOKONON
GUEDEGBE	HOUNON
AGBOGLO	GBELI
ZOTONGNINOU	NAHOUE
GBEMETONOU	DJISSONON
ALIMAGNIDOKPO	MISSANON
DOHOUNKPE	ADJEHOUNON
KODJROVODOUN	GNISSOU
TOKPONOU	HONDJENOU
NONNON	AYIDOTE
ATIMBADA	AGBOSSOUNON
AMOULO	AHOMANLANTO
HOUNLELOU	HOUNDJO
LANGAN	GNONGBE

FANDI   AZONOUKPO

TOGNANLIDE   KANIEKO

AZOMAHOU   AGNANKANNON

Cette liste n'est pas exhaustive puis qu'il s'agit ici des collectivités qui pour certaines, ont plusieurs familles pour embranchement.

Il faut aussi ajouter aux 56, l'impressionnante et populeuse collectivité royale de Glèlè et descendants puisque Glèlè fut le principal fruit de l'union entre GUEZO et ZOGNIDI.

Souverains cérémoniels d'Abomey (rois du Danxomè après l'occupation française)

AGOLI AGBO Goutchili (1900-1940) *[roi en exile]*

SAGBADJOU Glèlè (1938-1982)

AIDODODO Ahliha Agoli Agbo (1940-1948) *[Schisme]*

TOGNI AHOSSOU Agoli Agbo (1948-1983) *[Schisme]*

    Trône vacant (1983-1986) [Vacant]

LANGANFIN Joseph (1986-1989)

DEDJALAGNI Agoli Agbo (1989-2018)

HOUEDOGNI Behanzin b.1943 (2000-2012) *[Schisme]*

KEFA Sagbadjou (2018-present)

SAGBADJOU Glèlè

(1938-1982)

Sagbaju Glëlë a juste été un roi cérémoniel, mais par déférence pour sa fonction de représentant des familles royales on lui a aussi attribué des louanges.

Axosumlanmlan (panégyrique) de Sagbadjou Glèlè

Axòsu xilili
O roi très puissant et durable

Daxomè'xòsu xilili
Très puissant roi du Dahomey

Xu wë jò xilili bo zu so
La mer née immense se moque des grandes collines

Mo na ma kpiso gè
Ainsi, les calomnies ne t'atteignent pas

Mo na ma da do gè
Ainsi, personne ne te fait bouger

Vi galagala ci wë do tò lo xwe
Enfant courageux qui es à l'aise dans la maison de son père

(Sagbaju Glëlë réside dans une annexe du palais royal.)

Bo ni axòsu axwàsi nukô
Et que l'on appelle le roi semblable à l'axwâsi

(L'axwàsi désigne une des étapes de l'initiation vodù. On reconnaît les axwàsi à leur plume de perroquet.)

Dâxomê axòsu axwàsi nukô

Roi du Dahomey semblable à l'axwâsi

So ma je kèsë do axwâsi nukô

La foudre ne tombe pas sur (les plumes de) perroquet (que porte) au front l'axwâsi

Xomêwêsïda bò logozo no go

Le serpent en colère (ne peut rien contre) la tortue dans sa carapace

Ani na do wa wè ka de ?

Que peut-il bien faire ?

Bò ni axòsu adontü

(Toi) que l'on appelle le roi adontü

(qui est difficile à rejeter.)

Johô ni ma fë ala nu adontü

Le vent n'abat pas les branches du adontù

N'xom]ä we lade

Je te toue ó roi

N'xòmlà we asu e

Je te loue mon cher

Caku caba agidi wolo

Cakucaba, le très puissant charme

(Nom symbolique du roi Agaja, jòto de Sagbaju Glëlë.)

Agìdi wolo, agidi wolo

Très puissant charme, très puissant charme

Dosu wè ni ago lo gù

C'est Dosu qui écarte ceux qui s'opposent à lui

Më xê" bo yi më nu la

Celui qui attaque et arrache de force

Akwë d'asi we, avo d'asi we

Tu possèdes de l'argent, tu possèdes des pagnes

Dosu lo biò de we a

Dosu ne te les réclame pas

Vi d'asi we, asi d'asi we

Tu possèdes des enfants, tu possèdes des femmes

Axovi lo biò de we a

Le fils de Aho (Houegbadja) ne te les réclament pas

Ta e do kò towe nu le

C'est la tête qui est sur ton cou,

E biò we wê Kpòvèsa de

Que te réclame Kpòvèsa

(Kpòvèsa, autre nom symbolique d'Agaja que l'on peut traduire par panthère furieuse. La panthère ou léopard kpò symbolise l'ancêtre fondateur du peuple Fon et de ses trois dynasties. Selon la tradition, on attribue à Agaja l'instauration des sacrifices humains.)

A gbo ta towe so jo ni we

Si tu coupes ta tête et la lui rends

Eneo a ka gbojè

Alors tu seras en paix

A ma ka gbo ta towe bo so jo ni we we

Si tu ne pouvais la couper pour la lui remettre

Ku Dosu lo do yi wè kaka lo

Dosu la Mort, sur son chemin

E wa kpe we do fi de lo

Partout où tu iras

De tòvi de nu lo

Sur un petit puits

Aikügbä gïgï de ji
Sur un tout petit terrain

Sé flu de me
Parmi le chiendent

Kpòvèsa na so we zi do
Kpòvèsa t'abattra

Odaflo dagbedagbe ò e na gbidi
Tes très belles paupières seront bien frottées

Xwèda'xòsu Hufö hutò
(Par) celui qui a tué Huffon, roi des Xwèda

Axwà jo su do nu Gbagidito
Celui qui a anéanti l'armée qui se préparait dans le pays de Gbaguidi

N'xòmlà we lade
Je te loue O roi

N'xòmlà we as'wi e
Je te loue ô toi qui es mon maître

Agoli Ago II Dedjalagni

Naissance: 1931

Décès: 2018 (87 ans)

J'ai eu l'honneur de rencontrer le roi Agoli Ago Dedjalagni deux fois: la première fois dans le cadre de l'anoblissement symbolique de mon ancien patron Danois David Skov (Société Maersk Line), et la seconde fois dans le cadre de l'intronisation du roi Tokpo.

Au cours de chacune de ces rencontres, j'ai été empli de solennité et il m'a donné une impression de grande sagesse et de calme. Cela explique peut être pourquoi il avait le respect des autorités étatiques et de la population, même au delà des limites de son royaume. Son couvre-nez ou cache-poussière (dont il a hérité auprès de Goutchili son ancêtre et premier Agoli Agbo) est certainement le signe distinctif qui restera dans la mémoire collective des béninois. Avant son accession au trône, il était un policier de profession.

Le 2 juillet 2018, la nuit est tombée sur le royaume. J'étais aux Etats-Unis ce jour, mais j'ai été aussi affecté par la nouvelle.

GBAGUIDI SOHA: Fondateur du Royaume de Savalou et Ancêtre des MEDALI

L'essentiel qu'il faut retenir:

Gbaguidi = Oba-Guidi = Puissant (Guidi) Chef (Oba)

Ahosu Soha = Ahosu Gbe So Ha Bo Ha Gni Do Gbe Min = Le roi (Ahosu) refusa de monter sur le cheval (Gbe So Ha) et (Bo) monta sur un buffle dans la brousse (Ha Gni Do Gbe Min)

Agba Rakho ATOLOU, de pere Dessou ATOLOU et de mere la princesse fille de LIGBO (chef de DAME, ZOU) naquit en 1557, fonda Savalou vers 1600 et mourut en 1618.

Il aurait donc pu ou du s'appeler "Gni-ha" puisque c'est sur un buffle qu'il est monté, et non sur un cheval "So-ha".

J'ai reçu ces explications dans la tradition orale mais étant tombé récemment sur un texte/article écrit à ce sujet, j'ai préféré aussi l'inclure intégralement ici et ajouter quelques rectifications.

Extrait Wikipedia inspiré des travaux de Emile Larose [Origines de Savalou et ses rois, 1928] et de Sylvain Anignikin [Histoire des populations Mahi, Cahiers d'études africaines, vol. 162, 2001]

En raison de querelles familiales de succession,

(ou par accident durant une partie de chasse nocturne, selon d'autres versions;

ou encore pour punir le maraudage de son arbre de néré (ahoua-tin), son unique héritage paternel.)

Dessou Atolou, chasseur d'ethnie Houéda tue son frère et quitte son village Mitogbodji près de Sègbohouè, sur les bords du lac Ahémé dans le Mono (Sud-Ouest du Bénin) pour aller s'installer dans le village de Damè en pays Fon. Il rentre en grâce avec Ligbo, chef du village, dont il épouse la fille. De cette union naît Agba Rhako.

Ligbo meurt et pour lui succéder, on décide de choisir celui qui réussira à dompter un buffle et lui monter dessus.

(Il est fort inhabituel dans les royautés du Dahomey de déterminer une succession royale par une épreuve de ce genre. Un souverain peut choisir d'offrir une princesse en mariage par ce mode de sélection. Mais la succession royale est souvent déterminée à l'avance avec une identification claire du prince héritier ou d'un régent potentiel lorsque le prince heritier est encore un petit enfant ou est inexistant. Maintenant lorsque d'autres princes ou d'autres personnes souhaitent challenger le prince heritier, ils le font généralement avec un mélange de violence et de ruse.

Selon une autre version, il s'agissait de choisir le meilleur cavalier parmi les prétendants au trône. Rhako proposa qu'on le fasse avec un buffle au lieu d'un cheval, et fut le seul à réussir.

Si réelle, l'épreuve a été peut être proposée par Agba Rhako (prince par filiation maternelle) pour challenger le vrai prince heritier fils ainé du chef défunt.)

Rhako réussit l'épreuve, devient chef du village et se fait surnommer So-ha (c'est-à-dire «qui dompte le buffle»).

(Non, comme indiqué précédemment, "So-ha" ne veut pas dire "qui dompte le buffle".

Aussi un élément important qui manque dans ce récit est la raison pour laquelle le nouveau chef Rhako et ses sujets quittent subitement leur domaine de Damè.)

Avec ses administrés, il ira s'installer à Houawé près de Bohicon. À force de guerroyer contre les localités de la région, il finit par imposer son autorité à ces populations majoritairement Nago qui le surnomment alors Oba-Guidi, c'est-à-dire «chef véritable»; surnom qui se déformera en Gbaguidi au fil du temps.

(Si effectivement il y a avait quelques Nago qui vivaient à Houawé (actuelle commune de Bohicon au Bénin) et dans les parages, la majorité de la population était Fon et constituée des autochtones Guédévis et des Agassouvi venus plus récemment s'installer en provenance de Allada. Cela veut dire que l'épisode de la prise du nom "Gbaguidi" est plus tardif et est survenu après le départ de Agba Rhako de Houawé vers la région des Collines, qui elle était beaucoup plus peuplée en Nago)

Il entretient des relations de bon voisinage avec Do-Aklin, un autre chef de la région. À la mort de ce dernier, ses fils Gangni-Hessou puis Dako-Donou lui succèdent et supportent de moins en moins l'influence grandissante de Soha Oba-Guidi. Dako-Donou soumet par la force toutes les chefferies de la région de Houawé.

(La version que j'ai reçue, place ici l'épisode du buffle et de la prise du nom "So-ha".

Au départ, Agba Rhako, Dako et Gangnihessou s'entendaient et étaient de bons amis. Ils s'adonnaient fréquemment au jeu de "Adji" parfois appelé "Awalé" avec d'autres amis. C'est d'ailleurs pourquoi Agba Rhako n'a pas connu trop tôt le même traitement que Adingni et les autres chefs des Guédévis en pays Fon.

Tout serait parti d'une querelle créée par les amis communs qui aimaient comparer la taille supposée ou réelle des organes génitaux et des capacités sexuelles de Dako à ceux de ses frères et amis, en particulier Rhako qui selon la légende, était particulièrement équipé dans ce compartiment.

Un jour, sous l'emprise de la colère, Dako et ses hommes tendirent une embuscade à Rhako dans le but de se débarrasser de lui. Pris au piège, Rhako qui était comme son père un chasseur de profession connaissait de puissantes incantations. Il prononça quelques phrases sacrées et un buffle surgit de la brousse. Il monta sur le buffle et s'échappa à la grande surprise de Dako et de ses hommes.

Cet épisode n'exclut pas la possibilité que Rhako soit déjà à une ou plusieurs reprises dans le passé, monté sur un buffle par exhibition ou pour se sauver.)

Soha n'ayant pas les moyens de résister à Dako-Donou, migre à nouveau vers le nord avec ses hommes, pour s'établir dans la région de Honhoungo à 80 kilomètres au nord de Houawé, près du populeux village nago Tchébélou construit sur une colline. Soha Gbaguidi entreprend de conquérir ce village et sur le conseil d'un ami, usa d'une ruse pour y parvenir. Il fait attacher des pailles enflammées aux pattes de plusieurs pigeons qui sont envoyés se poser sur les toits en pailles des cases de Tchébélou qui brûlent alors. Soha propose au chef Yorouba de Tchébélou l'aide de ses hommes pour reconstruire son village. Celui-ci accepte et organise un banquet de gratitude pour lancer les travaux de reconstruction.

Soha fait dissimuler des armes dans les bottes de pailles censées servir à la reconstruction de Tchébélou et emmène ses hommes se joindre à la population de Tchébélou pour les travaux. Le banquet inaugural terminé, au signal de Soha, ses hommes sortent leurs armes et massacrent la population de Tchébélou. Le village vidé de ses habitants morts ou en fuite, Soha s'installe avec ses hommes au pied de la colline et y fonda la capitale de son futur royaume qu'il baptisa Sa-Avalou ou Savalou (Sa : amitié et Avalou : hommage) en hommage à l'amitié qui a permis cette conquête. Soha soumet les localités voisines de Doïssa, Ouessè, Koutago, Zounzonkanmè et fonde le royaume de Savalou.

(En définitive, le récit est majoritairement correct et instructif, en dehors de quelques détails importants rectifiés ci-dessus.)

Listes et Chronologies Royales

Chronologie des Rois du Danxomè (1600-1900)

X - Divers Patriarches jusqu'en 1600 à Tado et Allada

1 - Chef Do Aklin (1600 - 1620)

2 - Roi (usurpateur) Dako Donou (1620-1645)

3 - Roi (honorifique) Gangnihessou (1620-1645)

4 - Roi Aho Houegbadja (1645-1685)

5 - Roi Houessou Akaba (1685-1708)

6 - Reine Tassi Hangbé (1708-1711)

7 - Roi Dossou Agadja (1711-1740)

8 - Roi Bossa Ahadé Tegbessou (1740-1774)

9 - Roi Kpengla (1774-1789)

10 - Roi Agonglo (1789-1797)

11 - Roi Adandozan Madogugu (1797-1818)

12 - Roi Ghézo (1818-1858)

13- Roi Glèlè Kinikini (1858-1889)

14 - Roi Kondo Gbèhanzin (1889-1894)

15 - Roi Agoli Agbo (1894-1940)

X - Divers Rois cérémoniaux (1940-présent)

Chronologie des Souverains d'Allada

XIIe - XVe siècle: Divers chefs de terre inconnus

(c. 1400): LANDE ADJAHOUTO fonde le royaume

1400-1440: Lande Adjahouto

1440-1445: Aholuho Adja Adjahoutonon

1445-1458: De Noufion Adjahoutonon

1458-1470: Dassou Adjahoutonon

1470-1475: Dassa Adjahoutonon

1475-1490: Adjakpa Adjahoutonon

1490-1495: Yessou Adjahoutonon

1495-1498: Azoton Adjahoutonon

1498-1510: Yessou Adjahoutonon

1510-1520: Akonde Adjahoutonon

c.1520-1530: Amamou Adjahoutonon

c.1530-1540: Agagnon Adjahoutonon

c.1540-1550: Agbangba Adjahoutonon

c.1550-1560: Houeze Adjahoutonon

c.1560-1580: Agbande Adjahoutonon

c.1580-1585: Kinha Adjahoutonon

1585-1587: Mindji I Adjahoutonon

1587-1590: Akoli Adjahoutonon

1590: Kokpon fonde le nouveau royaume

1590-1610: KOKPON DOGBAGRI Adjahoutonon

1610-1620: Medji II Hounoungoungou Adjahoutonon

1620-1660: Lamadje Kpokonou Adjahoutonon

1660-16XX: Tezifon Adjahoutonon

16XX-17XX: Gbagwe Adjahoutonon

17XX-1724 De Adjara Adjahoutonon

Mars 1724: Annexion du royaume d'Allada par le royaume du Danxomè suite à une campagne militaire du roi Agadja et de ses troupes.

1724-1742: Gestion directe par le Danxomè

1742: Deux ans après le décès de Agadja, la royauté est restaurée à Allada mais le royaume sera un vassal du royaume de Allada jusqu'en 1894 (année de conquête du Danxomè par la France et de déportation de Behanzin vers la Martinique).

1742-1792: Mijo Adjahoutonon

1792-1842: Ganhwa Adjahoutonon

1842-1879: Gandji Sindje Adjahoutonon

1879-1894: Gigla Nodon Gbenon Maou Adjahoutonon

1894: Le 4 Février, la France dissocie Allada du Danxomè

1894-1898: Gigla Gounhou Hougnon Adjahoutonon

1898-1909: Djihento Adjahoutonon

1909: La France annexe Allada et limite significativement les pouvoirs du roi.

1909-1923: Chef supérieur Djihento

1923-1954: Chef supérieur Kanfon

1954-19XX: Chef supérieur Gigla

1960: Le Benin devient indépendant de la France

1992-present: Roi Kpodegbe Djigla

Liste des souverains Mahi de Savalou

Fondation du royaume de Savalou en 1600

Gbaguidi I Soha (1600-1618)

Adigli (regent) (1618-1657)

Betete Ava (regent) (1657-1700)

Gnahoui Kpoki (regent) (1700-1722)

Gbaguidi II Tchaou Aditi (1722-1769)

Gbaguidi III Baglo (1769-1794) (installé par Kpengla)

Gbaguidi IV Djeyizo Bonanaglo (1794-1804)

Gbaguidi V Badébou (1804-1818)

Gbaguidi VI Gougnisso (1818-1860)

Gbaguidi VII Lintonon (1860-1878)

Gbaguidi VIII Zoundégla (1878-1901) (Zoundegla Nozin Wandodo) (signe un protectorat avec la France représentée par le General Amédée Dodds)

Gbaguidi IX Goumoan (1901-1928)

Gbaguidi X Bahinnou (1928-1937)

Gbaguidi XI Gandigbé (1937-1983)

Gbaguidi XII Houessolin (1983-2002)

Trone vacant (2002-2006)

Gbaguidi XIII Tossoh (2006-2014)

Gbaguidi XIV Gandjegni Awoyo (2014-present)

Chronologie des Souverains de Hogbonou (Porto-Novo)

Royaume des Agassouvi Allada-Tadonous

1688-1729: TE AGBANLIN, roi fondateur

1729-1739: Hiakpon, roi

1739-1746: Lokpon, roi

1746-1752: Houde, roi

1752-1757: Messi (I), roi

1757-1761: Houyi, roi

1761-1765: Gbeyon, roi

1765-1775: Trône vacant

1775-1783: Ayikpe, roi

1783-1794: Ayaton, roi

Royaume Adjatche

1794-1807: HOUFFON, roi

1807-1816: Ajohan, roi

1816-1818: Toyi Tofa (I), roi

1818-1828: Houeze, roi

1828-1836: Toyon, roi

1836-1848: Meyi, roi

1848-1864: Sodji, roi

1864-1872: Mikpon, roi

1872-1874: Messi (II), roi

1874-1908: TOFA (II), roi

1908: Annexion du royaume par la France

1908-1913: Gbedessin Tofa (III), chef supérieur

1913-1929: Houdji, chef supérieur

1929-1930: Toli, chef supérieur

1930-1941: Gbehinto, chef supérieur

1941-194X: Gbesso Toyi, chef supérieur

194X-1976: ALOHINTO GBEFFA, chef supérieur

1960: Indépendance du Benin

Liste des souverains du Royaume Bariba de Parakou (issu du Royaume de Nikki)

Fondation du royaume vers 1700

Kobourou Akpaki Duro Bekuru I

Akpaki Atagara

Akpaki Timkpopo

Akpaki Yereku

Akpaki Gobinyesse

Akpaki Tinra I

Akpaki Buku Kene I

Buru Borassi

Akpaki Lafia I (18XX-1894)

Buru Gingirekpunon (1894-1895)

Buru Donborigi (1895-1895)

Buru Gessere (1895-1927)

Akpaki Tinra II (1927-1942)

Buru Donkakuson (1942-1952)

Akpaki Duro Bekuru II (1952-1974)

Akpaki Lafia II (1974-1995)

Akpaki Dagbara (1995-2004)

Tchabi Mama (2004-2012)

Akpaki Buku Kene II (2012-present)

Liste des souverains du Royaume Berba de Kouandé (Gwandé)

Kasa

Wimbo Kasa I

Kandikoni

Nyami I

Dari

Kunyati

Sakwa

Ikori

Wimbo Kasa II

Nambo

Nyami II

Yani

Liste des souverains du Royaume Bariba Borgou de Nikki (Sarkin Nikki)

Fondation du royaume par Sunon Sero

Sime Doboudya

Kpe Gunu Giribussike

Sero Kpera I Illorikpunon

Sina Boagi Ningurumekpunon

Kpe Gunu I Yoromkire Bio Bukari

Sero Kpera II Niamarekpunon (18XX-1837)

Sero Kpe Lafia I (1837-18XX)

Sero Kora I

Kpe Sumera Karakoari Toboku

Sero Tasu I

Sero Toru Munko Sina Turinka (18XX-1897)

Kpe Sumera (1898-1901)

Sina Toru Passo Suanru (1901-1915)

Kisra Pruka (1915-1917)

Sero Naina (1917-1924)

Kisra Yeruma Seru Toru Tanku (1924-1928)

Sero Kpera III (1928-1932)

Kpe Gunu II Kora Gari (1932-1938)

Kpe Gunu III Tchabi Yerima (1938-1952)

Kpe Lafia II (1952-1957)

Sero Kpera IV Saka Mivera (1957-1970)

Sero Tasu II Isakpe Gunu (1970-1991)

Sero Kora II Yerima Banesi (1991-present)

Liste des souverains du Royaume Bariba Borgou de Kouandé (issu du Royaume de Nikki)

1790: Fondation du royaume par Worou Wari, fils de Chabi Gaba (fugitif parti de Nikki)

Worou Wari I Taboufoura (1790-1804)

Worou Sourou I Baba Tantame (1804-1816)

Sorou I (1816-1833)

Bio Doko (1833-1833)

Boukou Ya Dari Ginimou Sikou (1833-1852)

Wonkourou Tabouko (1852-1883)

Worou Wari II (1883-1897)

Souanrou (1898-1904)

Gounou Deke (1904-1929)

Worou Sourou II (1929-1943)

Sorou II (1943-1949)

Worou Wari III Tounkou Cessi (1950-1957)

Imorou Dogo (1958-1961)

                                   (1961-1996) Trône vacant

Worou Sourou II (1996-2005)

Sorou III (2005-present)

Tous les rois de Kouande portent le titre de "Banga" qui signifie Taureau/Buffle

Liste des souverains du Royaume Ewé de Agoué

1812: Fondation du royaume

Komlagan (1812-1821), fils de Quam Dessou

Akouete Lawson Katraya (1821-1833)

Agounou (1833-1834)

Toji (1834-1844)

Kponton I Avoumbe (1844-1846)

Hanto Tona (1846-1858)

Soji Komin Agidi (1858-1873)

Atanle (1873-1889)

Ahlonko Boutiyi (1889-1894)

Kouassihela Diogo (1894-1895)

1895: Annexion par la France

Trône vacant (1895-1901)

1901: Royauté reconstituée

sous l'autorité des colons Français et Allemands

Abalo Bajavi (1901-1930)

Kofi Titriwe (1930-1935)

Trône vacant (1935-1937)

Augustino Olympio (1937-1945)

Trône vacant (1945-1946)

Kponton II (1946-1949)

Liste incomplète des souverains du Royaume Bariba et Borgou de Kandi

Fondation du royaume vers 1700

Saka Bagu I

Saka Bukunene

Saka Barikali II

Saka Minti II

Saka Kina Dogo Donsarukpunon

Saka Gezere II

Saka Lafia II (19XX-1911)

Saka Zibiri II (1911-1929)

Saka Bagu II (1929-19XX)

Saka Sabi Goro (19XX-19XX)

Saka = Roi

Liste incomplète des souverains du Royaume Gourmantche de Djougou

Fondation du royaume vers 1700

Dynastie Gourma

1800-1815 Banga Nyora II

1815-18XX Kpe Toni II

18XX-18XX Kurugu IV Atakora

18XX-1880 Nyora III

1880-1899 Kpe Toni III

1899-1900 Baba Jimba

1900-19XX Atakora

19XX-19XX Kpe Toni IV

19XX-19XX Kpe Toni V

19XX-19XX Kpe Toni VI

Liste incomplète des souverains du Royaume Yoruba de Kétou

En 1500, le Royaume Yoruba installe sa capitale à Kétou. En 1886, Kétou est complètement conquis par le royaume du Danxomè. En 1893, le royaume est restauré mais mis sous protectorat français.

Il y a eu au total et à ce jour, 50 rois à Kétou.

XXXX-XXXX **Itcha Ikpachan**

XXXX-XXXX **Allaloumon** fils du roi Ede I

XXXX-XXXX **Alaketou** (Roi #6)

XXXX-XXXX **Ede II** (Roi #7)

XXXX-XXXX **Sà** (Roi #14 Il fit bâtir la muraille et de la porte magique)

XXXX-XXXX **Andé**

1795-1816 **Ajibolu**

1816-1853 **Adebiya**

1853-1858 **Adegbede** (ami très proche du roi Guézo, il se suicida quand celui ci fut tué en venant se réfugier chez lui.)

1858-1867 **Adiro**

1867-1883 **Osun Ojeku** (fut décapité par les troupes de Glèlè, toujours dans le cadre de la revanche du Danxomè sur Kétou pour le décès de Guézo)

1883-1886 **Agidigbo Hungbo** (regent)

1886-1893 Trône vacant

après destruction totale par Glèlè en 1886

1893-1894 **Ida** (regent)

1894-1918 **Oyingin** (Renaissance de Kétou)

1918-1936 **Ademufekun Dudu**

1937-1963 **Alamu Adewori Adegibite**

19XX-19XX

19XX-2002 **Adetutu** (Roi #49)

2002-2005 Trône vacant

2005-present **Alade Ife** (précédemment connu comme Basile Gbotche, Roi #50, né en 1948)

Chronologie des Presidents du Dahomey (Benin)

Hubert Maga (1916-2000) *1960-1963*

Coup d'Etat militaire de 1963

Christophe Soglo (1912-1984) *1963-1964*

Elections de Janvier 1964

Sourou Migan Apithy (1913-1989) *1964-1965*

1er Coup d'Etat militaire de 1965

Tahirou Congakou (1911-1993) **Nov - Déc 1965**

2e Coup d'Etat militaire de 1965

Christophe Soglo (1912-1984) *1965-1967*

Coup d'Etat militaire de 1967

Maurice Kouandete (1932-2003) *1 jour en 1967*

Alphonse Alley (1930-x) *1967-1968*

Emile Derlin Zinsou (1918-2016) *1968-1969*

Coup d'Etat militaire de 1969

Maurice Kouandete (1932-2003) **3** *jours en* **1969**

Paul Emile de Souza (1931-1999) *1969-1970*

Monstre à trois têtes

Hubert Maga (1916-2000) *1970-1972*

Justin T. Ahonmandegbe (1917-2002) **Mai-Oct 1972**

Coup d'Etat militaire de 1972

Mathieu Kerekou (1933-2015) *1972-1991*

Conference nationale de 1990 et Elections de 1991

Nicephore Soglo (1934-x) *1991-1996*

Elections démocratiques de 1996 et 2001

Mathieu Kerekou (1933-2015) *1996-2006*

Elections démocratiques de 2006 et 2011

Thomas Boni Yayi (1952-x) *2006-2016*

Election démocratique de 2016

Patrice Talon (1958-x) *2016-present*

Listes liées à la présence européenne au Benin

Gouverneurs Portugais (1680-1961)
de Ouidah au Dahomey

1680 - 17??	Jacinto de Figueiredo e Abreu, Gouverneur (batit le fort)
17?? - 1721	Abandon
1721 - 1732	Francisco Pereira Mendes, Gouverneur (rénova le fort)
1732 - 1736	Manuel Correia da Cunha, Gouverneur
1736 - 1743	João Basílio, Gouverneur
1743 - 1746	Martinho de Cunha Barbosa, Gouverneur intérimaire
1746 - 1746	Francisco Nunes Pereira, Gouverneur usurpateur
1746 - 1746	Francisco do Espírito Santo, Gouverneur intérimaire
1746 - 1752	Filipe José de Gouveia, Gouverneur
1752 - 1759	Teodósio Rodrigues da Costa, Gouverneur
1759 - 1760	António Nunes de Gouveia, interim Gouverneur
1760 - 1790	Félix José de Gouveia, Gouverneur
1790 - 1797	Francisco António da Fonseca e Aragão
1797 to 1817	Manuel Bastos Varela Pinto Pacheco

1817 - 1844	Francisco Félix de Sousa, Gouverneur
1844 - 1845	Joaquim José Libânio, Gouverneur
1845 - 1848	Francisco Félix de Sousa, Gouverneur
1848 - 1851	Quaresma, Gouverneur
1851 - 1851	Alferes Elerpech, Gouverneur
1851 - 1858	Isidoro Félix de Sousa, Lieutenant Gouverneur
1852 - 1853	João Justino da Costa, Gouverneur
1853 - 1858	José Pinheiro de Sousa, Gouverneur
1858 - 1858	Francisco Félix de Sousa, Gouverneur
1858 - 1865	Abandon
1865 - 1868	José Maria Borges de Sequeira, Gouverneur
1868 - 1869	Vital de Bettencourt de Vasconcellos Côrte-Real do Canto, Gouverneur
1869 - 1872	Abandon
1872 - 187?	António Joaquim, Gouverneur
187? - 1878	Augusto Frutuoso de Figueiredo de Barros, Gouverneur
1878 - 1879	Lourenço da Rocha, Gouverneur
1879 - 1881	Lieutenant António José Machado, Gouverneur
1881 - 1883	..., Gouverneur
1883 - 1885	Lieutenant Fernando Gonçalves, Gouverneur
1885 - 1885	Bernardo Francisco Luís da Cruz, Gouverneur

1885 - 1885	Lieutenant José Gomes de Sousa, Gouverneur
1885 - 1886	Lieutenant Francisco Rego, Gouverneur
1886 - 1887	Major António Domingues Cortez da Silva Curado, Gouverneur
1887 - 1888	Manuel Francisco Rodrigues Guimarães, Gouverneur
1888 - 1888	Capitaine Vicente da Rosa Rolim, Gouverneur
1888 - 1890	Manuel José Ferreira dos Santos, Gouverneur
1890 - 1890	Carolino Acácio Cordeiro, Gouverneur
1890 - 1893	Capitaine Vicente da Rosa Rolim
1893 - 1897	Manuel José Ferreira dos Santos, Gouverneur
1897 - 1898	Lieutenant ...Campos, Gouverneur
1898 to 1900	Lieutenant ... Nunes de Aguiar, Gouverneur
1900 - 19??	Lieutenant António Mendes da Costa, Gouverneur
19?? - 1905	Lieutenant João de Deus Pires, Gouverneur
1905 - 1906	Joaquim Luís de Carvalho, Gouverneur
1906 - 1909	..., Gouverneur
1909 - 1911	Sebastião Lousada, Gouverneur
1911 - 1911	Cândido João de Barros, Gouverneur

1911 - 1912	Guilherme Spínola de Melo, Gouverneur
1912 - 19??	..., Gouverneur
19?? - 1928	Lieutenant Viriato Henrique dos Anjos Garcez, Gouverneur
1928 - 1931	Capitaine Joaquim Sinel de Cordes, Gouverneur
1932 - 1938	Capitaine Miguel Maria Pupo Correia, Gouverneur
1938 - 1941	Capitaine José Pimenta Segurado de Avelar Machado, Gouverneur
1941 - 1942	Jean-Louis Bourjac, Gouverneur (Self-proclaimed; not recognized by Portugal)
1942 - 1944	José de Vasconcelos e Sá Guerreiro Nuno, interim Gouverneur
1944 - 1946	Capitaine Carlos Alberto de Serpa Soares, Gouverneur
1946 - 1946	José de Vasconcelos e Sá Guerreiro Nuno, Gouverneur
1946 - 1951	Capitaine Miguel Maria Pupo Correia, Gouverneur
1951 - 1954	António João Teles Pereira de Vasconcelos, Administrator
1954 - 1956	Ernesto António Pereira Enes, Administrator
1956 - 1961	António Agostinho Saraiva Borges, Intendant

Gouverneurs Français (1900-1960) au Dahomey

1894-1900	Victor Ballot
1900-1902	Victor Liotard
1902-1902	Charles Marchal
1903-1903	Eugène Decazes
1904-1904	Julien Penel
1904-1906	Victor Liotard
1906-1908	Charles Marchal
1908-1908	Edmond Gaudart
1908-1909	Jean Peuvergne
1909-1909	Raphaël Antonetti
1909-1910	Henri Malan
1911-1911	Raphaël Antonetti
1911-1912	Émile Merwart
1912-1917	Charles Noufflard
1917-1928	Gaston Fourn
1928-1928	Lucien Geay
1928-1930	Dieudonné Reste
1931-1932	Théophile Tellier
1932-1933	Louis Aujas
1933-1933	Louis Blacher
1933-1934	Marcel de Coppet
1934-1934	Camille Théodore Raoul Maillet

1934-1934	Marcel Alix Jean Marchessou
1934-1935	Jean Desanti
1935-1937	Maurice Bourgine
1937-1937	Henri Martinet
1937-1937	Louis Alexis Étienne Bonvin
1937-1939	Ernest Gayon
1938-1941	Armand Annet
1941-1944	Léon Truitard
1944-1945	Charles André Assier de Pompignan
1945-1946	Marc Laurent de Villedeuil
1946-1948	Robert Legendre
1948-1948	Jean Chambon
1948-1951	Jacques Boissier
1949-1951	Claude Valluy
1951-1955	Charles-Henri Bonfils
1955-1958	Casimir Marc Biros
1958-1960	René Tirant

Etapes politiques du Dahomey/Benin

- Divers peuplements, sociétés lignagères et mouvements migratoires: Des origines au XIIe s.
- Ancien Royaume d'Allada, Royaume du Danxomè et Autres Royaumes: XIIe siècle-1900
- Colonie française: 1900-1960
- République du Dahomey: 1960-1975
- République Populaire du Benin: 1975-1990
- République du Benin: 1990-présent

Etapes politiques de l'empire français

- Empire Carolingien 751-843

Partage de Verdun 11 aout 843

- Premier empire colonial français 843-1815

Traité de Versailles 1783

Chute de Napoleon et retour à la royauté: 22 juin 1815

- Second empire colonial français 1815-1946
- Union française 1946-1958
- Communauté française 1958-1960
- Francafrique et Francophonie 1960-présent

Phases de la présence française au Benin

Premiers contacts: XVIIe siècle (Années 1600s)

Premier fort/comptoir français d'Afrique de l'Ouest à St Louis au Senegal en 1659.

Commerce et échanges entre Africains et caucasiens 1659-1886

En 1861, l'Angleterre bombarde Porto-Novo et en 1863, Porto-Novo accepte le protectorat de la France.

1884-1885: Conference de Berlin pour tracer les frontières des colonies européennes en Afrique, et de ce fait des futurs pays africains en l'absence des principaux concernés. C'était sous le règne de Glèlè au Danxomè.

Colonie française du Dahomey 1886-1946

- 1886: Ajout du Benin au 2e empire français
- Colonie du Dahomey sous l'égide de celle du Senegal 1886-1894
- 1ère guerre du Dahomey 21/2/1890 - 4/10/1890: A la fin des combats, le Dahomey cede Cotonou à la France et reconnait le protectorat français sur Porto-Novo et Kinto.
- 2e guerre du Dahomey 4/7/1892 - 15/1/1894: A la fin des combats, la France annexe le Dahomey.
- Décret officiel du 22 juin 1894
- Colonie autonome du Dahomey 1894-1904
- Afrique Occidentale Française 1904-1946

Union française 1946-1958

Communauté française 1958-1960

Zone franc CFA et Francophonie 1960-présent

Liste des photos et illustrations

- Carte des migrations Yoruba, Fon, Ewe, D.T. Niane
- Carte du Dahomey, 1892, Le Petit Journal
- Emblèmes des rois du Danxomè
- Extrait d'une Carte contemporaine du Bénin
- Illustration de la reddition de Gbèhanzin au général Amédée Dodds, Inconnu
- Illustration du départ de l'armée dahoméenne au combat, 1793, Archibald Dalzel
- Illustration du Roi Guézo 1
- Illustration du Roi Guézo 2
- Illustration d'une attaque française repoussée par l'armée dahoméenne, 1892, Le Petit Journal
- Illustration des coutumes et fêtes annuelles au Danxomè, 1793, Archibald Dalzel
- Illustration de l'armée de Gbèhanzin, 1902, L'intransigeant
- Peinture murale montrant le Roi Guézo
- Photo du Kpalin-gan, Bas relief, 1972, Spini et Antogini
- Photo de Bas relief montrant la première rencontre avec des européens, 1994, Francesca Pique
- Photo d'un des trônes du Roi Guézo
- Photo du Bas relief de Glèlè montrant un soldat Fon contre un soldat Yoruba, 1986, Suzanne Preston Blier
- Photo du Assin du Roi Agonglo

- Photo du Bas relief de Guézo montrant l'implantation de drapeau en terre conquise par le Danxomè, 1994, Susan Middleton
- Photo du Adjalala du roi Glèlè, 1986, Suzanne Preston Blier
- Photo du Adjalala du roi Guézo, 1926, Waterlot
- Photo du Roi Agoli Agbo
- Photo de jeunesse de Agoli Agbo, 1894, Getty
- Photo d'amazones lors du couronnement de Agoli Agbo, 1894, Docteur militaire français
- Photo de Gbèhanzin et sa suite en Algérie, 1905, Inconnu
- Photo de Gbèhanzin et sa suite en Martinique, 1895, Inconnu
- Photo de détail du Adjalala du roi Guézo, 1900, Inconnu
- Photo d'un canon utilisé par l'armée de Gbèhanzin
- Photo de la statue de Gbèhanzin sur la place Goho, 2019, Fondation Medali
- Photo du Roi Glèlè
- Schéma résumant la généalogie des rois du Danxomè, 2019, Dallys-Tom Medali

Références bibliographiques

- 1000 Héros africains, Dallys-Tom Medali, 2017
- Archives des missions africaines à Lyon, John Duncan, 1847
- Behanzin Correspondances et Discours, Cahier de la Fondation Zinsou, 2006
- Chants et panégyriques de la reine Zognidi, Document Audio, Club Hanye Ounkpeou, 2017
- Dahomey, an ancient West-African kingdom, Melville J. Herskovits, 1938
- De l'igname au manioc dans le golfe de Guinée, Dominique Juhé-Beaulaton, 2014
- Histoire des populations Mahi, Sylvain Anignikin, Cahiers d'études africaines, vol. 162, 2001
- Histoire du Benin - CM1, Firmin Medenouvo,
- Histoire de mon pays, Jean Pliya, 1971
- Histoire Générale de l'Afrique, UNESCO, Auteurs Multiples, Livres I, II, III, IV, V
- L'historique de la Collectivité Ade Kplankoun de Houawe Koulogon, Ade Koulo Lambert, 2015
- La pensée symbolique des Fons du Dahomey, thèse de Claude Savary, Genève, 1976
- La succession au trône de Houegbadja perpétuée au sein de la lignée Agoli Agbo, ADARA, 2008
- Le Dahomey, Gouvernement General de l'Afrique Occidentale Française, 1906
- Les Fon et les Yoruba, du Delta du Niger au Cameroun, E. J. Alagoa, Livre V

- The first Chacha of Whydah, David Ross, 1969
- The Abomey Royal Palaces, Getty
- The History of the Yorubas: From the earliest times to the beginning of the British Protectorate, Rev. Samuel Johnson, 1921
- The impact of European Settlement within French West Africa, Elise Huillery, 2009
- Origines de Savalou et ses rois, Paris, Émile Larose, coll. « Littérature de l'Afrique noire », 1928
- Récits de voyage du britannique Robert Norris au XVIIIe siècle, 1955
- Tradition Orale - Divers Interviews
- Une Reine, Trois Rois, Un Destin - Critiques et récits historiques de la vie de Djeto Francisca Zognidi, Toussaint C. Ahomagnon, 2017
- Wanderings in West Africa, Richard F. Burton, 1863
- Wikipedia - Divers Articles
- Wives of the Leopard: Gender, Politics, and Culture in the Kingdom of Dahomey, Edna Bay, 1998

Du même auteur, déjà publiés

1. Légendes Inédites d'Afrique
2. 1000 Héros Africains
3. Le Manuel du Milliardaire
4. 10 Règles du Succès
5. Essais sur le Bénin
6. Poisonous Snakes in the Republic of Benin
7. Red Blue and Green
8. Black and White
9. Nude and Alive
10. 30 years of Painting and Drawing
11. Perles et Pensées
12. Coming Back
13. Belles Poésies de Cœur et de Corps
14. L'Evangile Pratique
15. La Bible Essentielle

Dans la même série ‹The House of Dallys› sur l'Histoire et la Généalogie au Benin

Livre I: Les Familles de la Maison de Dallys: Rois, princes, esclaves et nobles

Livre 2: Histoire et Généalogie de la Collectivité Medali

Livre 3: Histoire et Généalogie de la Collectivité Tokpo

Livre 4: Histoire et Généalogie de la Collectivité Sèglé Houegbadja du Bénin

Livre 5: Histoire et Généalogie de la Collectivité Adè Koulo

Livre 6: Nan Zognidi Kpodjito, Biographie et Généalogie d'une Reine du Dahomey, Epouse de Guézo, Mère de Glèlè et Grand-mère de Béhanzin

Livre 7: Adè Kplankoun, Biographie et Généalogie du patriarche des collectivités Adè, Koulo et Autres de Houawé au Dahomey

Livre 8: Histoire et Généalogie de la Collectivité Agassounon du Bénin

Livre 9: Tables généalogiques de Yulia Sassina et de Philibert Dimigou en Russie et au Bénin

Livre 10: Généalogie et Histoire des Rois du Dahomey (Tome 1 et Tome 2)

Livre 11: Etudes Généalogiques sur diverses familles du Sud Bénin

Livre 12: Origine des Peuples Fons d'Afrique

Contacts

Si vous avez des informations additionnelles, des archives, documents historiques, livres ou des corrections à proposer, écrivez-nous!

par voie postale à 04 BP 0143 Cotonou Benin

ou par email à dallys@livres.us

Ecrivez-nous aussi

Si vous voulez commander d'autres copies du livre, Si vous avez besoin de votre généalogie personnelle. Si vous avez besoin de conseils sur les démarches à suivre pour explorer l'histoire et la généalogie de votre famille, Ou si vous avez simplement trouvé le livre très utile et instructif.

www.benindufutur.org

www.briquemagique.com

www.conseil.us

www.dallystom.com

www.heroafricain.com

www.livres.us

www.milliardaire.org

ISBN 978-1-947838-35-2

www.ingramcontent.com/pod-product-compliance
Lightning Source LLC
Chambersburg PA
CBHW020700270326
41928CB00005B/207